Success15 fifteen

サクセス15
July 2014
7
http://success.waseda-ac.net/

CONTENTS

The best for your dreams.
どこにも負けない「熱」がある。
パンフレット
お送りします!
●夏期講習会の
詳細はお気軽
にお問い合わ
せください。
一流中学
高校受験
早稲田アカデミー

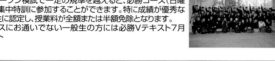

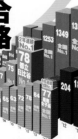

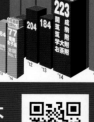

イチから考える

志望校の選び方

受験学年の中学３年生のみなさん。志望校は決まりましたか？　まだ決まっていなくて不安に思っている人もいるかもしれません。でも大丈夫。今回の特集では、志望校をどう選べばいいか、イチからご紹介します。

公立？私立？それとも国立？

志望校選びの第一歩は、公立にするか、私立にするか、それとも国立にするのかを決めることです。

わかりやすい比較をすると、学費面では授業料が無償化された公立、大学入試に向けた準備や施設・環境という面では平均して私立が優位ということになるでしょう。

国立は少し特殊で、学費の面では公立的な一方、入試準備に関しては私立的といえます。

ですから、まず第1志望を公立・私立・国立のどれにするかを考えるところから始めましょう。

下に、それぞれを選ぶ際のポイントをあげてみました。これを見ながら、保護者の方とも相談しながら選んでみてください。

公立を選ぶなら

独自問題への対処と入試科目数に注意

公立を考えている場合、受験勉強のスタイルが1つのポイントになります。

公立の入試問題は基礎基本を重視し、難問・奇問は少ないというのが全体的なスタイルです。

しかし、首都圏（東京、神奈川、千葉、埼玉）のうち、東京都立高校は少し異なり、なかでも進学指導重点校などは英語・数学・国語で共通問題ではなくグループ作成問題が出題されます（62ページからの公立Close upに詳しい内容が掲載されています）。応用的な問題を中心に構成されていて、共通問題よりも難度が少し高いのが特徴です。また、他県でも自校で作成した問題を出題する学校があります。

そして、公立の入試問題は5教科入試です。私立は多くの学校が3教科（国・数・英）入試であることを考えると、難度の高い問題が出題されることは多くはないとはいえ、社会・理科に関しても準備をしておく必要があります。

私立・国立を選ぶなら

多種多様な私立、難易度の高い国立

私立を第1志望とする場合、まず左でも触れているように、ほとんどが3教科入試です。難関校で例外は開成（東京）、渋谷教育学園幕張、東邦大東邦（ともに千葉）などほんの一部ですが、一方で公立や国立高校受験も視野に入れる場合は、5教科入試に備える必要もあるということを頭に入れておきましょう。

また、難関校の場合は入試問題の難度も高く、塾などのサポートも受けながらしっかりと受験勉強を積み重ねていくのも大切になります。

また、首都圏には多種多様な私立校が存在していますから、私立を考えているならば、校風などのチェックも怠らないようにしましょう。

国立は、大学の附属校ではありますが、基本的には推薦制度はありません（一部あり）。また、学費の安さが魅力ではあるものの、共学（筑波大附属、東京学芸大附属）、男子校（筑波大附属駒場）、女子校（お茶の水女子大附属）とも5教科入試で、非常に問題のレベルが高いことも国立の特徴です。

Check Point 2 共学校？男子or女子校？

私立を志望校に考える場合は、共学校にするのか、はたまた男子校・女子校にするのかを、よく考える必要があります。公立の場合、共学校がほとんどですが、埼玉は県立浦和、浦和第一女子など、男女別学があります。国立も8ページでも紹介した筑波大附属駒場やお茶の水女子大附属がそれぞれ男子校、女子校です。

共学校にせよ、男子校・女子校にせよ、どちらにもよい面があり、自分に合うかどうかが大切です。

共学校を選ぶなら

それぞれのよさを出しあえる

みなさんが通っている公立の中学校は共学ですから、共学を選んだ場合は違和感なく高校生活をスタートできます。また、男女がいっしょに日々を過ごしていくなかで、男女それぞれのよさを出しあいながら、3年間を送ることもできます。

男子or女子校を選ぶなら

伸びのびと個性を発揮できる

異性の目を気にせず学校生活を送ることができるのが男女別学のよさの1つです。男同士、女同士の環境下で、伸びのびと個性を発揮できます。また、学習面では男子と女子では伸び方に違いがあると言われており、男女別学の場合は、その特質に合わせた教育を行っています。

Check Point 3 宗教系の学校はどうなの？

私立には、宗教法人が母体となる学校があります。キリスト教系と仏教系が多く、その他の宗教系の学校もあります。

こうした学校の多くは、その宗教の信者ではなくても入学ができます。宗教教育がメインではないからです。ただ、宗教という心のよりどころを基盤にした教育を行っているため、人間としてなにが大切か、という信条を育むことを重視している学校が多いと言えます。

キリスト教系の学校を選ぶなら

宗教的行事に特徴

上でも述べているように、入学のために入信しなければならないようなことはありません。日曜日に教会に行くことを奨励して週5日制の学校があったり、宗教的な行事があったりはしますが、総じて普通の学校と大きな違いはないことが多いです。ただ、ご家族の信条、主義などと異なり過ぎないかはチェックした方がいいでしょう。

仏教系の学校を選ぶなら

仏教徒でなければ入れないということはない

宗教的な行事があったり、坐禅堂があったりと、キリスト教系と同じような特徴があります。仏教の教えをベースとするため、その影響を受けることは少なからずあるでしょうが、マイナスとなることはないようです。やはり、どういった教育を行っているかを調べておくことが大切です。

Check Point 4

進学校と大学附属校の違い

大学受験を受けることが前提の進学校と、系列の大学へと推薦を受けて入学することができる（ことが多い）大学附属校。

　大学附属校は私立と国立のみですが、国立の場合は「大学附属」ではあるものの、原則的に系列大学への推薦はほとんどなく、大学受験をすることが前提です。

　また、大学附属校でもほぼ全員が推薦を受けられる学校から、そうではない学校までさまざまです。

進学校を選ぶなら

大学受験に向けた充実の教育

　進学校は大学受験を前提としているため、そこに向かって３年間の学習カリキュラムがしっかりと組まれています。また、最近は大学附属校を中心に、大学との高大連携教育が盛んに行われていますが、附属校でなくても連携教育を体験できる進学校も年々増えています。

大学附属校を選ぶなら

ゆとりのある3年間

　学校によって推薦枠の数は異なりますが、一定の基準を満たせば系列の大学へ推薦入学できるため、大学受験にとらわれない高校３年間を送ることができます。ただ、その基準や枠の数などを調べておかないと、入学してから思わぬ苦労をする可能性もあります。

Check Point 5

学校の説明会や行事に行こう！

ここまでで、大まかにでも範囲が絞れてきたら、公立、私立、国立を問わず、次は学校行事に足を運んでみましょう。そうすることで、学校紹介パンフレットやホームページだけではわからない学校の雰囲気や、先生、先輩の普段の様子を肌で感じることができます。

　学校説明会やオープンスクールでは、学校がどんな教育に力を入れており、どんな生徒を育てたいと考えているか、直接聞くことができます。

　体育祭や文化祭も、学校ごとにさまざまな違いや特色があるため、とくに第1志望にしようと考える学校に関しては、必ず見ておきたいところです。実際、編集部のこれまでの取材でも、体育祭や文化祭を見てその学校に行くことを決めたという高校生・大学生が多くいました。

　また、先輩に直接話を聞くのも有効な手段です。受験を考えている学校に通っている中学校や塾の先輩、親戚などがいれば、公開されていない学校行事のことや、普段の雰囲気を聞いてみましょう。みなさん自身の性格や感覚に合うかどうかは学校選びの大切な基準です。

　最後に、学校説明会や公開行事には、受験生自身が足を運ぶようにしましょう。保護者が気に入っても、入学してみると本人には合わなかったということは起こりえます。受験を経てその高校に通うのはあなただということを忘れないでください。

Check Point 6
通学範囲はよく考えて

中学校から高校に通う場合、公立はもちろんですが、とくに私立や国立を選択すれば、これまでとは比較にならないぐらい通学時間が長くなる可能性があります。

学校を選んでいる段階ではあまり気にならないかもしれませんが、そこで考える必要があるのが通学時間です。

一般的には90分程度（片道）までが限度です。さらに言えば、家を出てから学校までで90分程度まで、というのが望ましいでしょう。それでも往復で考えれば3時間、1日の8分の1にあたります。

また、電車通学の場合は、混雑する路線を利用する場合は、90分間立ちっぱなしというような状況もあり得ます。体力的には相当な消耗となるでしょう。

ただ、それもふまえたうえで、どうしても「この学校が気に入った」、「ここでやりたいことがある」という学校にめぐりあえたのであれば、高校生ですから、徐々に体力がつくことも考慮して、それでも受験するという選択肢はあっていいかもしれません。

Check Point 7
偏差値をどうとらえるか

志望校選びの最後のポイントとして、偏差値について考えましょう。

学校を選ぶうえで、1つの基準として偏差値に意味があるのは間違いありません。ただ、志望校選びを進めるなかで出てきた学校に、現段階で偏差値が届いていないからといって諦めるのは早すぎます。

なぜなら、高校受験においては、夏〜秋にかけて伸びる人が多いからです。「塾の夏期講習などを経て、これまで積み重ねてきたことが開花する」、「部活動との両立が終わり、勉強一本にスイッチして秋ごろからその成果が出始める」、など、受験生のみなさんの成績はこれからまだまだ伸びていきます。

ただ、志望校を考えるときに、1校しか受けないという人は少ないでしょうから、いまの時点で学力が足りていない学校を本命のチャレンジ校とするなら、十分にこれから届くであろう実力校、確実に合格できそうな滑り止め校といった形で、同じような偏差値帯の学校をいくつも選ぶのではなく、階段状に選んでみましょう。

また、際限なく受験することは日程的にも不可能ですから、学力に応じた学校選びと、公立・私立・国立をうまく組み合わせて志望校を選びましょう。

志望校の選び方 Q&A

Q1 いまの時点で志望校が決まっていなくても大丈夫？

A　いつまでに決めなければいけないということはありません。中3になる前から決めている人もいれば、受験直前の12月になっても悩んでいる人もいます。ただ、効果的に準備を進めていくのであれば、夏休み前ぐらいまでに、今回の7つのポイントを参考にしながら、例えば「公立が第1志望」、「大学附属校が第1志望」といった形で、大まかにでも方向性が定まっているといいでしょう。それを前提に勉強を進め、11月初旬ぐらいまでに最終的な志望校が決まっていると、最後に慌てることもなくなります。

Q3 自分に合わない学校に入ってしまったらどうしよう…。

A　こう考えてください。受験では必ず合格する人、残念ながら合格できない人が出てきます。3つ受かっても1つにしか入学できません。ですから、最終的に入学する学校があなたにとって第1志望なのです。本命と考えていた学校に落ちてしまっても、それは縁がなかっただけのことです。うしろ向きに考えるのではなく、前向きに、これからこの学校でどういう高校生活を送りたいかを考えればいいのです。そうすれば不本意な入学にはならないでしょう。また、事前にミスマッチを防ぐためにも、できるだけ学校説明会や公開行事に足を運んで、その学校の雰囲気を知っておくことが大切です。

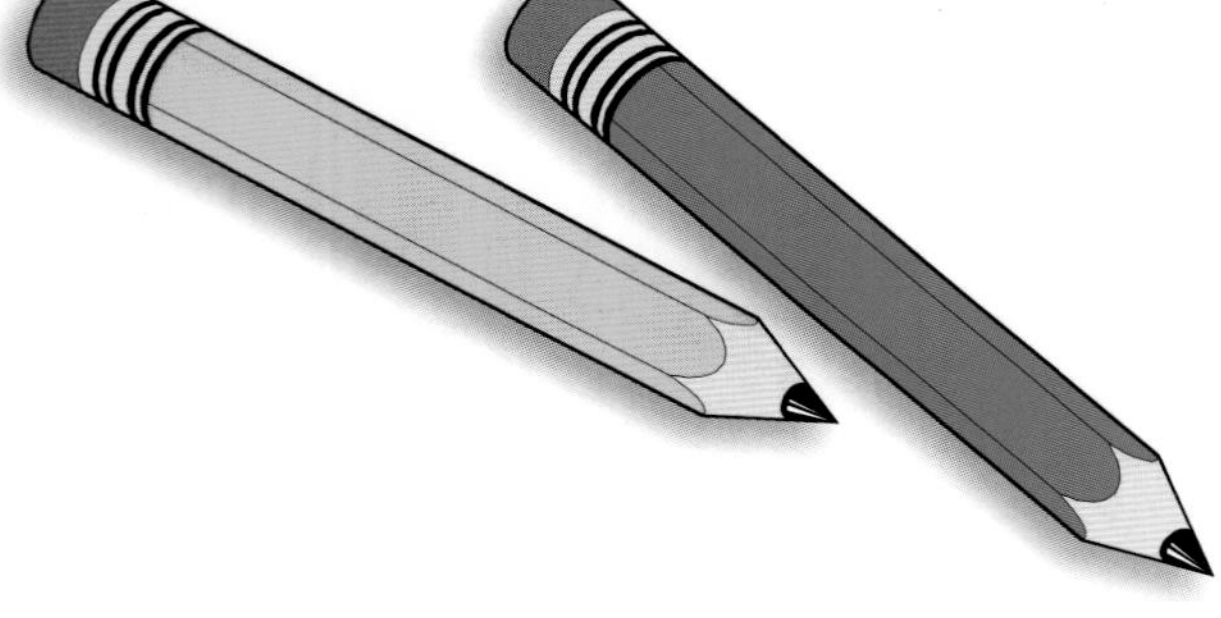

Q2 高校に入って「こんなことがしたい」という目標がありません。

A　そうした人はいると思います。その結果、志望校をどう決めればいいかわからないという人は、まず、知っている高校に行ってみることをおすすめします。学校が早く終わった日などに、学校案内のパンフレットをもらうだけでもいいですから、実際に足を踏み入れてみましょう。学校に行って、事務室で「受験生です」、と言えばパンフレットはもらえるでしょうし、場合によっては少し校内を案内してくれたりもするかもしれません。そうすることで高校に入学したあとの自分がイメージできるようになるかもしれませんよ。

Q4 大学合格実績は見ておくべきですか？

A　大学合格実績の数字に振り回されないようにしましょう。数字よりも、高校に入ってから自分がどうするかということの方が重要です。その数字は先輩たちの結果で、基準の1つではあっても、絶対的なものではありません。入学後にあなた自身がどれだけ志望する大学に向けて勉強できるかで結果は変わります。たとえ第1志望に合格できなかったとしても、あなたの頑張り次第で十分取り返せるはずです。

日本全国

なんでもベスト3！！

社会科の勉強にも役立つ楽しい特集をお届けするよ。
日本の色々な事柄について、ベスト３を発表！
１位のことは知っていても、２位、３位については
意外に知らないということもあるんじゃないかな。
日本について、みんながどれくらい知っているか、
特集記事を読んでチェックしてみよう！

日本の地理 ベスト3

高い山 ベスト3！

2014年国土地理院

1 富士山
（山梨県・静岡県）
3,776m

2 北岳
（山梨県）
3,193m

3 奥穂高岳《おくほたかだけ》
（長野県・岐阜県）
間ノ岳《あいのだけ》
（山梨県・静岡県）
3,190m

長い川 ベスト3！

国土交通省（幹川流路延長）

1 信濃川
（新潟県・長野県・群馬県）
367㎞

2 利根川
（茨城県・栃木県・群馬県・埼玉県・千葉県・東京都）
322㎞

3 石狩川
（北海道）
268㎞

広い湖 ベスト3！

2013年国土地理院

1 琵琶湖
（滋賀県）
670.25km²

2 霞ヶ浦
（茨城県）
167.63km²

3 サロマ湖
（北海道）
151.81km²

大きい離島 ベスト3！

2013年国土地理院
（※小数点以下切り捨て）

1 択捉島《えとろふ》
（北海道）
3,182km²

2 国後島《くなしり》
（北海道）
1,498km²

3 佐渡島
（新潟県）
854km²

- 北海道地方
- 東北地方
- 関東地方
- 中部地方
- 近畿地方
- 中国地方
- 四国地方
- 九州地方

面積

2013年国土地理院（※小数点以下切り捨て）

広い県

1 北海道 83,457km^2
2 岩手 15,278km^2
3 福島 13,782km^2

狭い県

1 香川 1,862km^2
2 大阪 1,901km^2
3 富山 2,045km^2

人口

2009年国勢調査（※1000人以下切り捨て）

多い県

1 東京 1,286万人
2 神奈川 894万人
3 大阪 880万人

少ない県

1 鳥取 59万人
2 島根 71万人
3 高知 76万人

平均気温

1981-2010年平均値 気象庁

高い県

1 沖縄 23.1℃
2 鹿児島 18.6℃
3 宮崎 17.4℃

低い県

1 北海道 8.9℃
2 岩手 10.2℃
3 青森 10.4℃

年間雨日数

1981-2010年平均値 気象庁
（※日降水量が10㎜以上の日を雨日と定義）

1 石川 80.6日
2 富山 79.1日
3 福井 77.0日

平均寿命の長さ

2010年厚生労働省

男 性

1 長野 80.88歳
2 滋賀 80.58歳
3 福井 80.47歳

女 性

1 長野 87.18歳
2 島根 87.07歳
3 沖縄 87.02歳

年間快晴日数

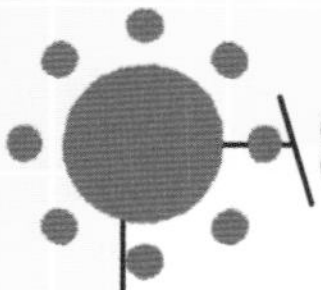

1981-2010年平均値 気象庁
（※雲量が1.5未満の日を快晴と定義）

1 埼玉 58.6日
2 宮崎 52.7日
3 静岡 52.4日

都道府県別 なんでもベスト3

このページでは、面積や人口、
農産物の生産量や家畜飼育数などの
都道府県別ベスト３を紹介するよ。

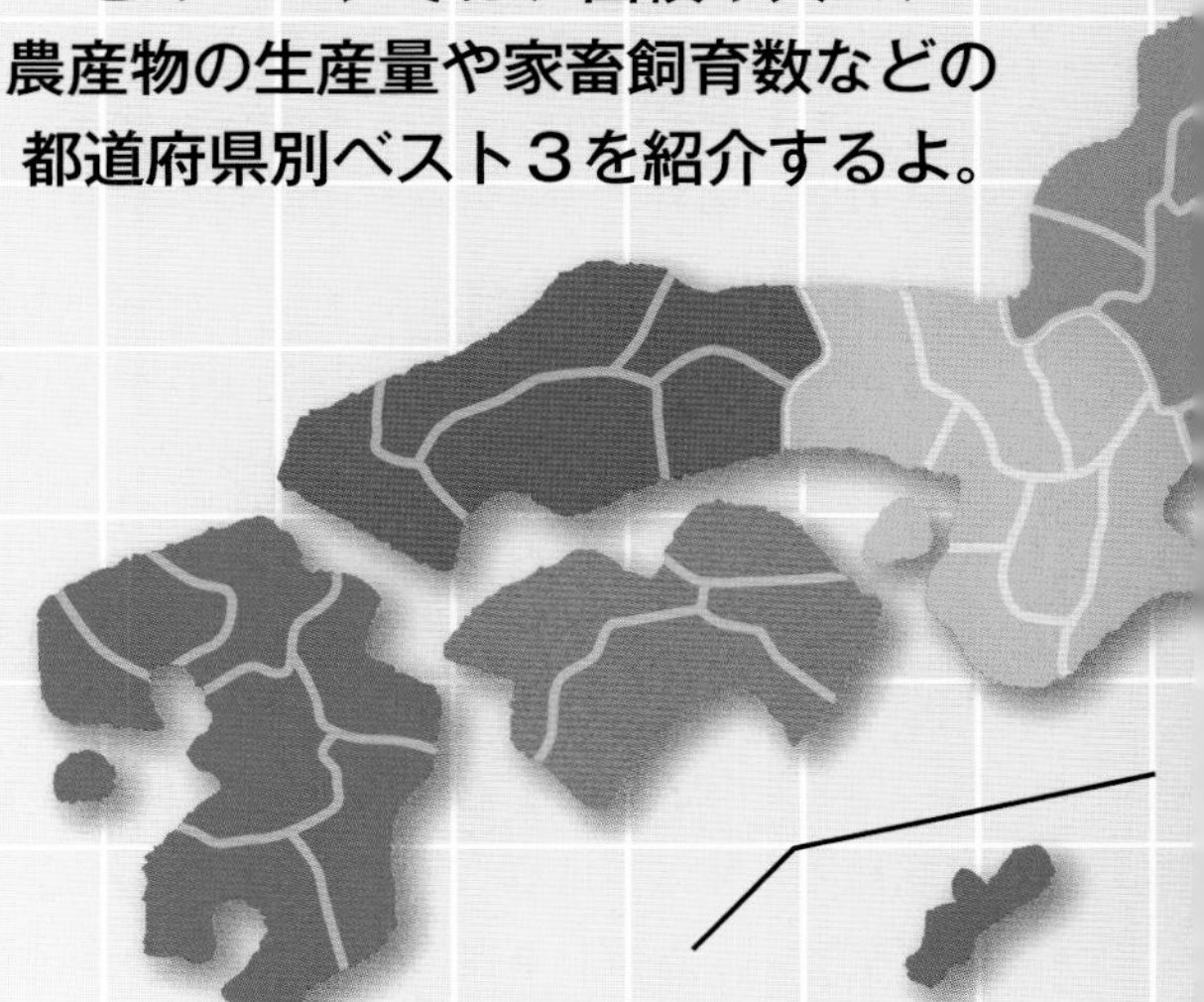

ミカン

2013年農林水産省（収穫量）

1 和歌山
168,900t

2 愛媛
137,800t

3 静岡
121,800t

レタス

2012年農林水産省（収穫量）

1 長野
194,600t

2 茨城
85,900t

3 群馬
54,800t

米

2013年農林水産省（収穫量）

1 新潟
664,300t

2 北海道
629,400t

3 秋田
529,100t

茶

2013年農林水産省
（生葉収穫量）

1 静岡
144,100t

2 鹿児島
123,000t

3 三重
33,100t

モモ

2013年農林水産省
（収穫量）

1 山梨
39,100t

2 福島
29,300t

3 長野
15,400t

肉用牛

2013年農林水産省（飼養頭数）

1 北海道
516,000頭

2 鹿児島
342,900頭

3 宮崎
250,100頭

豚

2013年農林水産省（飼養頭数）

1 鹿児島
1,372,000頭

2 宮崎
838,300頭

3 千葉
664,300頭

乳用牛

2013年農林水産省（飼養頭数）

1 北海道
806,800頭

2 栃木
53,500頭

3 岩手
45,500頭

漁獲量

2012年農林水産省
（養殖業を除く）

1 北海道
1,180,447 t

2 長崎
270,027 t

3 静岡
195,868 t

港湾取り扱い貨物量

上位1～3位の港湾
の所在地県
2011年国土交通省

1 愛知
（名古屋港　18,631万t）

2 千葉
（千葉港　14,993万t）

3 神奈川
（横浜港　12,133万t）

東大手帖 ～東大生の楽しい毎日～

現役東大生が東大での日々と受験に役立つ勉強のコツをお伝えします。

期末試験の攻略法＆英語の必勝勉強法

Vol.04

text by 一（イチ）

楽しい夏休みも１カ月後に迫り、海水浴に行ったり、山へキャンプに行ったりと夢が膨らみますね。そんな夏休みの前に立ちはだかるのが期末試験。期末試験の成績は内申点にも直結するため、人気の高い高校をめざす人にとってはとくに重要です。今回は、気持ちよく夏休みを迎えるためにも、効率的にテストで好成績を狙う方法と、苦手な人の多い英語の必勝法をみなさんに伝授します。

まず、１・２年生は「だれにも負けない得意科目を作る」ことを目標にしましょう。授業内容がまだ深いところまで進んでいないので、勉強の得意な人も苦手な人も実力に大きな差はついていません。そのため、だれにも負けない得意科目が１つでもあれば、ほかの科目が平均点程度しか取れなくても、総合点で比較的簡単に上位に入れます。高校受験に向けて本気で勉強している人がまだ少ないので、いまの時期の試験は「勉強したもの勝ち」です。熱心に勉強できる好きな科目を見つけることが得意科目を作ることへの近道です。

３年生が優先すべきなのは、「苦手科目をなくす」こと。この時期になると塾でしっかり勉強し始める人も増えてきます。よって、上位高校志望者だと期末試験もレベルの高い争いになるため、どこで点数を取るかというと、得意科目を 80 点から 90 点にするより、苦手科目を 50 点から 70 点にする方が簡単なのです。得意科目を伸ばすより、苦手科目のない「優等生」をめざす方が、点数を確実に取っていくうえで大事なことです。そのためには「苦手だから勉強したくない」ではなく「苦手だからこそ伸びしろがある」と、積極的に苦手科目を勉強していきましょう。

さて次は、苦手な人の多い英語の必勝法を伝授します。まず伝えたいのは「とにかく単語を覚える」ことです。どんなに読解力があっても、単語がわからないと文章は理解できません。本屋に行くと重要単語をまとめた単語帳がたくさん売っています。授業で習っていない単語が載っていても大丈夫なので、早いうちからどんどん覚えていきましょう。ちなみに私は高校２年生のときに単語帳を買い、それを１カ月で１冊丸暗記したことで、次の月の試験から英語の偏差値が 15 もあがりました。やはり単語力は大事です！

それから「発音はちゃんと覚える」ことも重要です。friend を「フリエンド」、make を「マケ」なんてローマ字読みで覚えていませんか？　受験ではリスニング試験もありますが、make friends を「マケ フリエンズ」なんて読んではくれません。リスニング試験で苦労しないためにも、発音はしっかり覚えましょう。

最後に、英語を勉強しているとき以外でも英語を意識してみましょう！　意識して見てみると、街は英語であふれています。消防署（Fire station）、お寺（Temple）、料理（Cuisine）などなど。実際に使われている場面を見ることで「どういうときに使う言葉なのか」を知ることができ、読解問題やリスニング問題と同様に、重要な英作文の対策にもなります。ほかにも友だち同士で英語で話してみたり、観光地に行って外国の方に英語で話しかけてみたり、学んだ英語を使ってみるチャンスは自分でいくらでも作れます。「日本に住んでいれば英語なんて使わないし勉強しない」という中学生は多いのですが、街は英語を使うチャンスにあふれていますし、英語は勉強さえすれば点数が伸びやすい科目でもありますので、苦手な人もぜひ頑張って勉強してみてください。応援しています。

世界の星を育てます

エクストラスタディで応用力養成・弱点克服します。
また、英語の多読多聴を導入し英語の力を伸ばしています。

学校説明会

第1回　9月13日(土)
14:00～
［部活動相談］

第2回　10月18日(土)
14:00～
［明星の国際教育］

第3回　11月15日(土)
14:00～
［生徒が作る説明会］

第4回　11月22日(土)
14:00～
［卒業生ディスカッション］

第5回　11月30日(日)
10:00～
［入試対策・個別相談会］

第6回　12月 6 日(土)
14:00～
［個別相談会］

※予約不要

オープンキャンパス

第1回　7月20日(日)
第2回　8月30日(土)
第3回　8月31日(日)
9:00～15:00
※予約不要

明星祭／受験相談室

9月27日(土)･28日(日)
9:00～15:00
※予約不要

体験授業･体験入部

体験授業
8月30日(土)

体験入部
8月31日(日)

※中学3年生対象、要予約
※詳細は1ヶ月前よりホームページでお知らせいたします。

学校見学

月～金曜日　9:00～16:00
土曜日　9:00～14:00

※日曜･祝日はお休みです。
※事前にご予約のうえご来校ください。

ご予約、お問い合わせは入学広報室まで　TEL.FAX.メールで どうぞ

明星高等学校

MEISEI

〒183-8531　東京都府中市栄町１－１　入学広報室
TEL 042-368-5201(直通)　FAX 042-368-5872(直通)
(ホームページ)　http://www.meisei.ac.jp/hs/
(E-mail)　pass@pr.meisei.ac.jp

交通／京王線「府中駅」
　　ＪＲ中央線／西武線「国分寺駅」 ］より徒歩約 20 分
　　　　　　または バス(両駅とも 2 番乗場)約 7 分「明星学苑」下車
　　ＪＲ武蔵野線「北府中駅」より徒歩約15分

SCHOOL EXPRESS

筑波大学附属高等学校

SENIOR HIGH SCHOOL AT OTSUKA, UNIVERSITY OF TSUKUBA

東京都 文京区 共学校

モットーは「自主・自律・自由」全人的人間の育成をめざす国立校

首都圏有数の進学校として名高い筑波大学附属高等学校は、120年を越える歴史を誇る国立大の附属校です。幅広く学ぶカリキュラムにより教養を育み、真の学力を身につけることができます。スーパーグローバルハイスクール（SGH）の幹事校として、今後の活動にも注目が集まっています。

日下部《くさかべ》 公昭《こうしょう》 副校長先生

創立125年を越える伝統ある名門校

文京区大塚、都心にありながら緑が多く閑静なキャンパスを持つ筑波大学附属高等学校（以下、筑波大附属）。

その歴史は、1888年（明治21年）、高等師範学校に尋常中学科が設置されたのをはじまりとしています。その後、所在地や校名の変更を経ながら歴史を刻み、2013年（平成25年）には創立125年を迎えています。

筑波大附属の教育方針は次の5つに示されています。

1．自主・自律・自由をモットーと

する。

2．全人的人間の育成という本校の伝統的教育精神を基盤として、知育、徳育、体育の調和をはかる。

3．教科教育においては、特に、体系的かつ基本的な知識・技能・態度の修得の徹底を期する。

4．特別教育活動においては、計画的、実践的、協力的人間の育成と生徒の個性の伸長につとめる。

5．生徒指導においては、生徒の個人的な現実の問題解決を援助するとともに、将来の進路の開拓を指導する。

日下部公昭副校長先生は、筑波大附属の教育方針について、「我々教員が教育活動にあたるうえでの方針を示したものとご理解ください。長く伝統のある教育方針ですから、とくに1番目の『自主・自律・自由』については、教員だけでなく、生徒も本校のモットーとしてよく理解し、学校生活のさまざまな場面で活かされていると感じます」とお話しされました。

豊かな教養と真の学力を育成

教育方針に掲げる「全人的人間の育成」をめざし、3年間にわたって文系クラス・理系クラスといった文理分けを行わず、幅広く学ぶカリキュラムが特徴です。

とくに1・2年次では、全員共通履修の科目が多く設定されています。

1年次の芸術と、2年次の芸術と理科（物理基礎と地学基礎のどちらかを選択）以外はすべて必修となっているため、豊かな教養とあらゆる進路に対応できる学力を培うことができます。

3年次には自由選択科目が多く設けられています。生徒1人ひとりの興味関心や、進路方向に応じて必要な科目を選ぶ形となっています。

また、希望者対象となりますが、2・3年次には第2外国語（ドイツ語・フランス語・中国語）の授業も設けられています。

筑波大附属の授業は、教員から一方的に教えるという講義形式だけではなく、教員が生徒へ問題を投げかけ、それを解決するというような生徒参加型の授業形態が多くとられています。

「例えば、あるテーマを教員が提示し、それについてグループを作って調べ学習を行い、各々の意見を交換させながらまとめあげ、発表する、というような流れをとるといった、生徒が積極的に参加する授業が多く実施されています。理科では実験が多く行われていますし、英語でも話すことに重点が置かれた授業となっています。

また、国語の授業に限らず文章を書くことにも力が入れられ、調べ学習の結果をレポートにまとめることなどはどの教科でも頻繁に行われています。

そのほかにも、授業では教科書以外にも教員が作成したプリントなどの独自教材が多く使われるなど、工夫された授業が展開されています。」（日下部副校長先生）

筑波大附属では3年間クラス替えはありません。1年次から3年次まで、同じ担任とクラスメートとの交流が続き、強い結びつきが生まれて

桐陰祭（文化祭）

生徒による実行委員が中心となり、企画・運営をしています。

スポーツ大会

さまざまなスポーツをクラス対抗で競いあいます。

国際交流

シンガポールへの短期留学とアジア青少年リーダーズサミットへの参加や中国北京市高校との相互交流など、国際交流にも積極的です。

北京市高校への生徒派遣

シンガポールでの国際交流

北京市からの高校生受け入れ

修学旅行

2年生の秋に実施される修学旅行。近年は沖縄に行くことが多くなっています。

います。

なお、筑波大附属には中学校が併設されていますが、附属中学校から進学する中入生と、高校入試を経て入学した高入生は、クラスを分けていません。「附属中学校では学習指導要領に準拠した学習を行っていますので、1年次から高入生がいっしょになっても学習の進度に差が出ることはありません。中入生と高入生は、入学後1カ月もするとかなり打ち解けますので、高入生もすぐに学校になじむことができると思います。」（日下部副校長先生）

SGH幹事校に指定 国際教育に注目が高まる

国際教育にも積極的な筑波大附属では、派遣交流と相互交流の2種類の国際交流が行われています。

派遣交流は、シンガポールで世界10数カ国の高校生が参加する「アジア太平洋青少年リーダーズサミット（APYLS）」と、韓国ソウル市で行われる同様の「国際学術シンポジウム」の2つがあり、それぞれ3名の生徒が派遣されています。

相互交流は、シンガポールの学校との「短期留学交流」（10日間のホームステイ・約10名）と、中国北京市の高校との「日中高校生交流」（1〜2泊ホームステイを含む1週間の交換留学・約20名）が行われています。

筑波大附属は、2014年度（平成26年度）にスーパーグローバルハイスクール（SGH）に指定され、さらにその幹事校に任命されました。

SGHとは、文部科学省が新たに始めた教育事業のことで、「高等学校等において、グローバル・リーダー育成に資する教育を通して、生徒の社会課題に対する関心と深い教養、コミュニケーション能力、問題解決力等の国際的素養を身に付け、もって、将来、国際的に活躍できるグローバル・リーダーの育成を図る」ことを目標としています。

日下部副校長先生は「国際化の時代のなかで、さまざまな機会を通じて、自分の教養を高めながら、視野の広い人間に育っていってほしいと思っています。

文部科学省も掲げていますが、グローバル・リーダー育成にあたり、課題を発見し、それを解決していく能力を伸ばすことが非常に重要なのです。こうした取り組みは、先ほど本校の特徴ある授業形態の話でもお伝えした通り、本校の通常の学習のあり方に非常に近いものがあると思

蓼《たて》科《しな》生活

1年生全員が参加する総合学習。長野県の桐陰寮で行われます。

対抗戦

開成高とのボート部定期戦「開成レース」、学習院高等科・学習院女子高等科とのスポーツ対抗戦「院戦」、神奈川県立湘南高とのサッカー対抗戦「湘南戦」という、長い伝統を持つ3つの対抗戦があります。

高大連携教育

大学訪問や講義体験など、筑波大との連携を活かした教育も魅力です。

います。

今後、本校の教育をSGHの事業と関わらせることで、国際教育の事業をさらに広げ、広い視野を持ったグローバル・リーダーの育成に反映させていきたいと考えております」と説明されました。

積極的に活動できる生徒に来てほしい

首都圏でも有数の進学校として名高い学校ですが、難関大学合格をゴールとするのではなく、大学卒業後の将来を見据えた進路指導に重きが置かれています。

キャリア教育としては、筑波大と連携して実施されるキャンパスや研究室の見学、社会のさまざまなジャンルの第一線で活躍している卒業生による進路説明会などが実施されています。

最後に、筑波大附属にはどのような生徒に来てもらいたいのか、日下部副校長先生にお聞きしました。「教育方針にある『自主・自律・自由』のモットーの通り、本校では、『とにかく自分でなんでも積極的にやってみる』という生徒の自主的な活動を非常に大事にしていますし、そういった生徒を全力でサポートしていきます。授業・行事・部活動など、本校でのさまざまな活動に対しては、傍観者でいるのではなく、自分から飛び込んでいくと得られるものがすごく大きいと思います。つねに自分からチャレンジしていこうという意識を持った生徒さんに来ていただければと思います。」

School Data

所在地　東京都文京区大塚1-9-1
アクセス　地下鉄有楽町線「護国寺駅」徒歩8分、地下鉄丸ノ内線「茗荷谷駅」徒歩10分
生徒数　男子376名　女子363名
TEL　03-3941-7176
URL　http://www.high-s.tsukuba.ac.jp/

2学期制　週6日制
月～金6時限、土隔週で4時限　50分授業
1学年6クラス　1クラス約40名

2014年度(平成26年度)大学合格実績（　）内は既卒

大学名	合格者	大学名	合格者
国公立大学		私立大学	
東北大	3(1)	早大	97(22)
筑波大	1(0)	慶應大	58(15)
千葉大	9(4)	上智大	31(16)
お茶の水女子大	1(0)	慈恵医科大(医)	2(1)
東京大	29(6)	順天堂大(医)	2(1)
東京外大	2(0)	日本大(医)	2(1)
東京学芸大	6(3)	昭和大(医)	5(3)
東京工大	6(1)	東邦大(医)	1(1)
東京農工大	2(1)	日本医科大 (医)	2(0)
一橋大	8(2)	東京医科大(医)	3(3)
横浜国立大	5(0)	杏林大(医)	2(2)
京都大	1(0)		

日本大学第三《にほんだいがくだいさん》高等学校

School Data

所在地
東京都町田市図師町11-2375

生徒数
男子780名、女子425名

TEL
042-789-5535

アクセス
JR横浜線・小田急線「町田駅」、JR横浜線「淵野辺駅」、京王相模原線・小田急線・多摩都市モノレール「多摩センター駅」バス

URL
http://www.nichidai3.ed.jp/

充実した環境で育む「自主創造」

日本大学の付属校である日本大学第三高等学校（以下、日大三）のキャンパスは、多摩丘陵の豊かな自然に囲まれています。15万㎡という広大な敷地には、広々とした食堂や講堂、2013年度（平成25年度）に新しく完成したばかりの総合体育館など、充実した施設が整えられ、勉強や部活動、行事などの学校生活に思いきり取り組める環境となっています。

日本大は「自主創造」を教育目標に掲げ、「自分の心で感じ、自分の頭で考え、自分の体で行動に現す」ことのできる人材を育成しています。その教育目標に基づき、日大三は創立以来85年にわたり「明るく、正しく、強く」を校訓として掲げ、「明確に正義を貫く強い意志」を持った人材を育てています。

意欲と学力を高める3つのクラス編成

日大三の教育モットーは日本大の教育目標でもある「自主創造」です。受け身ではなく自ら積極的に学ぶことを大切に考えています。放課後には教員のもとへ質問にくる生徒の姿が多く見られます。

そんな日大三には「普通クラス」・「特進クラス」・「スポーツクラス」の3つのクラスが用意されています。

「普通クラス」は、基礎学力はもちろん、他大学進学も可能な学力を身につけます。2年次に文科コースと理科コースに分かれ、3年次にはさらに日本大へ進学を希望するⅠ類と他大学進学を希望するⅡ類に分かれます。3年次の理科・地歴公民の選択科目で習熟度別授業が行われ、放課後には補習が適宜実施されます。

「特進クラス」は、理数系国公立大や理数系難関私立大、医科歯科系大学をめざします。クラスは少人数で構成され、英語・数学を重点的に、どの教科も充実した授業が展開されています。2年次は週に2回、7時間授業を実施し、深い理解力と応用力を身につけていきます。

「スポーツクラス」は、硬式野球部・柔道部・アメリカンフットボール部に所属する生徒が在籍し、お互いに切磋琢磨しながらそれぞれ高みをめざします。

日大三は、日本大の付属校ですが、1人ひとりの生徒に最もふさわしい大学へ進学するよう指導しており、他大学への進学もサポートします。3年次には毎週土曜日に大学説明会や卒業生による講話会などの進路ガイダンスが行われ、面談も定期的に実施されています。

また、8割以上の生徒が部活動に所属し、勉学と両立しているのも特徴です。

日本大学第三高等学校は、生徒と教員が一体となって勉学や部活動に励み、生徒が安心して学校生活を送ることができる学校です。

橘《たちばな》学《がく》苑《えん》高等学校

School Data

所在地
神奈川県横浜市鶴見区獅子ヶ谷1-10-35

生徒数
男子495名、女子456名

TEL
045-581-0063

アクセス
JR京浜東北線・京浜急行線「鶴見駅」、東急東横線「綱島駅」、JR横浜線・横浜市営地下鉄「新横浜駅」、JR横須賀線「新川崎駅」バス

URL
http://www.tachibana.ac.jp/

社会へ、そして、世界へ羽ばたく

それぞれの夢を叶える4つのコース

創立の精神に「心すなおに真実を求めよう」、「生命の貴さを自覚し、明日の社会を築くよろこびを人々とともにしよう」、「正しく強く生きよう」を掲げる橘学苑高等学校にはそれぞれの夢を叶えるための「国際コース」、「文理コース・特別進学クラス」、「文理コース・総合進学クラス」「デザイン美術コース」の4つのコースがあります。

「国際コース」には、クラス全員が高2の1年間ニュージーランドに留学するという特徴的なシステムがあります。現地校には1校につき数人が在籍、ホームステイは1家庭につき1人と個人留学形式のため、高1の授業では、留学に必要な実践的英語力が身につく授業が行われています。さらに海外大学の指定校推薦枠もあり、留学で培った英語力を活かす機会も用意されています。

「文理コース」には「特別進学クラス」と「総合進学クラス」があります。国公立大・難関私立大合格をめざす特別進学クラスは平日すべて7時間授業、私立大合格をめざす総合進学クラスも平日2日は7時間授業と、十分な授業時間を確保するとともに、長期休暇中に講習・錬成合宿を行うことで、学力の定着を図ります。生徒によって目標とする進学先は異なりますが、どちらのクラスでも万全な学力サポート体制を整えています。また、高2で実施する研修旅行では、シンガポール・マレーシアに研修に行きます。

「デザイン美術コース」は、美術系大学への進学をめざす生徒に向けたコースで、素描・デザインなどの実技学習のほか、美大の受験科目に多い国語と英語の学習にも力を入れています。高2後半からはデザイン分野・美術分野のどちらかを選択し、具体的な進路を決定していきます。このコースの特色は、高2で実施するフランスへの研修旅行です。世界的に有名な美術館を訪れ、本物の芸術に触れることで、感性を磨きます。

また、橘学苑では土曜日にサタデーアクトや土曜講習を行っています。サタデーアクトは月2回、生徒1人ひとりが自分に合った講座を選択し、学習します。受験対策や英検、苦手科目復習など、生徒に合わせたさまざまな講座を設けています。土曜講習は希望制で、外部講師による授業を行います。

4つのコースそれぞれで展開されている生徒の個性を伸ばす特色あるカリキュラム、そして、国際教育。橘学苑での生活で育んだ広い視野と豊かな創造力を胸に、生徒はそれぞれの道へと羽ばたいていきます。

東京都立 三《み》田《た》高等学校

共学校

笹《ささ》のぶえ 校長先生

国際理解教育に定評があり 大学受験へのサポート体制も充実

ユネスコスクールとして、国際理解教育の長い歴史と実績に定評がある東京都立三田高等学校。異文化交流の場が豊富に用意されています。また「Mプロジェクト」として行われる読書活動・課題研究などの独自の取り組みや、受験に向けた丁寧なサポート体制も魅力です。

「自主・自律」の校風 創立91年の伝統校

東京都立三田高等学校（以下、三田高）は、1923年（大正12年）に東京府立第六高等女学校として開校されました。校章の6枚の花弁は第六高女に由来しています。開校の翌年、現在地に新校舎が建てられ移転しました。そして、1950年（昭和25年）1月に東京都立三田高等学校と改称され、同年4月から男女共学の新制高等学校としてスタートしました。2013年（平成25年）には創立90周年を迎えています。

三田高では「自律・自学・チーム三田の力で高い志の進路実現！」をスローガンとして掲げ、生徒・教職員・保護者がチーム三田として一体となり学校生活を営んでいます。その教育方針は次の４項目です。

１．「時を守り、場を清め、礼を正す」振る舞いを厳しく求め、自らを律する心、公共の精神、規範意識を育みます。

２．特別活動を通して切磋琢磨しお互いを高めあう人間関係を築かせ、帰属意識、協調性を育みます。

３．「鍛える授業」で基礎基本と豊かな教養を身に付けさせ、探究活動を通して思考力、判断力、表現力等を育みます。

４．わが国の伝統、文化や異文化の理解や交流活動を通して豊かな国際性と旺盛な開拓精神を育みます。

笹のぶえ校長先生は、生徒たちへの思いを「生徒には『勁《つよ》く 賢く 美しく』生きていってほしいと考えています。『勁く』というのは、風が吹けばなびくけれども、決して折れずに、また起きてくる草のような負けない強さです。そして、自分で思考し自分で判断できる賢さを身につけ、見た目だけではなく心も含めた品位のある美しさを備えていってほしいです」と語られました。

受験に向けた充実のサポート体制

三田高では３学期制を採用し、長期休業の前には定期考査を行っています。定期考査により短いスパンで自分の実力を把握することができ、長期休業中の学習目標も明確になります。土曜授業や定期考査後の短縮授業により、授業時間数も十分に確保されています。

カリキュラムは基礎学力をつけるために、１年次に英・数・国の授業時間数が多く設定され、希望により、第２外国語として、ドイツ語・フランス語・中国語を学ぶことも可能です。２年次は、地学基礎または物理基礎を選択することで、ゆるやかな文系・理系に分かれます。３年次には、進路によって文系・理系のコースに分かれ、幅広く学ぶために自由選択科目も設置されています。

習熟度別授業は、１年次の「コミュニケーション英語」、２年次の「英語表現」・「数学Ⅱ」、３年次の「英語Ⅱ」で実施されています。

また、長期休業中の講習が充実しているのも魅力の１つです。

夏期講習は各学年で実施され、生徒が予定を立てやすいように、５月に講座の一覧表が提示されます。

２年次の３学期は３年次の０学期として位置づけられ、冬季休業に２泊３日の勉強合宿（ウィンターセミナー）、春季休業に２年次までの総

オリエンテーションキャンプ

１年次の４月に実施されるオリエンテーションキャンプでは、講習や自習、そして入学前に読んだ本をクラスメイトに紹介する読書プレゼンテーションを行います。

学習風景

授業風景

授業はもちろん、長期休業中の講習が充実しているのも三田高の魅力の１つです。生徒の学力向上をサポートしながら、自学自習できる環境が整えられています。

図書館での自習風景

英語の授業

復習や先取り学習を行い、しっかりと受験に備えます。

「職員室前には机が置かれていて、昼休みや放課後に教員が生徒たちの質問に応じています。これを通称『屋台』と呼んでいます。

本校では、このような受験に向けたサポート体制をしっかりと整えながら、生徒が自学自習できる環境を用意しています。」（笹校長先生）

長い歴史と実績を持つ国際理解教育

三田高は1957年（昭和32年）にユネスコスクールに指定されました。国際理解教育の分野における長い歴史と実績があり、「国際理解講演会・国際理解シンポジウム」「留学生が先生」「大使館への訪問」などの行事を行っています。

30年近い伝統を持つ「国際理解講演会・国際理解シンポジウム」では、国際的に活躍している方々や外国の方々の講演を聞くことで、さまざまな価値観を学びます。

1・2年生を対象とした「留学生が先生」では、クラスごとに留学生を招き、母国の文化や歴史などについて紹介してもらいます。

「大使館への訪問」では、近隣の大使館で話を聞くだけでなく、東日本大震災において支援してくれた国々の大使館へお礼状を持っていくという取り組みも行われています。

こうした行事以外にも、ユネスコ委員会や外国語クラブがあります。そして、海外帰国生や留学生の存在により、日々の学校生活そのものが異文化交流の場となっています。

独自の資料と「Mプロジェクト」

三田高では「総合的な学習」の一環として行う「奉仕・国際理解」「進路学習」「読書・表現」の3つの学習活動を総称して「Mプロジェクト」と呼び、1年次に「M1ノート」、2年次に「M2ノート」を配ります。

1年次は「M1ノート」を通じて、幅広く教養を身につけ、表現の仕方を学びます。例えば、読書活動では、三田高文庫として教科別に推薦する図書があげられ、年間の読書スケジュールが組まれています。読んだ本についてレポートを書き、読書プレゼンテーションも行います。

笹校長先生は「読書プレゼンテーションは、3年前から始められました。クラスメイトに、ただ本を紹介するのではなく、どの生徒が最もうまく紹介できるかを対戦形式で競い、1位を決めます。

国際理解教育

大使館訪問

大使館訪問や国際理解シンポジウムなど、多様な価値観を学ぶ機会が豊富に用意されています。

国際理解シンポジウム

部活動

部活動も盛んな三田高には、36の部・同好会があり、加入率は兼部を含め100%を超えています。

アメリカンフットボール部

弓道部

剣道部

茶道部

バレーボール部

コーラス部

読書は大学入試にも役立ちますし、大学入学後の学力にもつながります」と説明されました。

2年次には、身につけた教養をもとに、自らテーマを見つけて「課題研究」に取り組みます。「M2ノート」には課題研究のスケジュールの立て方やテーマの設定方法などが示されています。担当教員の指導を受けながら、文献購読などを経て、最終的に2000字以上の原稿を執筆し、優秀者は学年全員の前でプレゼンテーションを行います。

進路進学指導では「合格への道」という冊子が配られます。受験スケジュールや進路関連行事の予定はもちろん、合格体験記や先輩からのアドバイスも載せられています。とくに目を引くのは、受験勉強の年間計画が各教科ごとに細かく書かれていることです。このような行き届いた進路進学指導が、三田高の難関大学合格実績を伸ばしているのです。

そんな三田高では、どのような生徒を待っているのでしょうか。笹校長先生に伺いました。

「本校への志望の意志が固く、家庭学習の習慣がしっかりと身についていて、自分できちんと勉強できる生徒さんを待っています。

そして将来の選択肢を広げるために色々なことを学びながら、自分の個性、得意分野を将来の職業につなげて、社会貢献できる人間に成長してほしいです。」（笹校長先生）

学校行事

体育祭・球技大会・白珠祭（文化祭）・合唱コンクールは三田高の4大行事であり、どの行事もとても盛りあがります。

合唱コンクール

合唱コンクールは、1・2年生がクラス対抗で優勝を争います。そのほかに音楽の授業を選択している生徒と管弦楽部・吹奏楽部・コーラス部によるベートーベンの第九が披露されます。

体育祭

白珠祭

球技大会

School Data

所在地	東京都港区三田1-4-46
アクセス	都営大江戸線「赤羽橋駅」徒歩5分、都営三田線「芝公園駅」徒歩7分、地下鉄南北線「麻布十番駅」徒歩10分、都営浅草線「三田駅」徒歩12分、JR山手線・京浜東北線「田町駅」徒歩13分
TEL	03-3453-1991
生徒数	男子467名、女子445名
URL	http://www.mita-h.metro.tokyo.jp/

✣3学期制　✣週5日制（土曜授業年間20回）✣50分授業
✣月曜・火曜・木曜・金曜6限、水曜7限（1・2年生）、月曜・火曜・木曜6限、水曜7限・金曜8限（3年生）、土曜4限
✣1・2年生8クラス、3年生7クラス　✣1クラス40名

2014年度（平成26年度）大学合格実績（）内は既卒

大学名	合格者	大学名	合格者
国公立大学		私立大学	
東北大	1(0)	早大	30(1)
筑波大	1(0)	慶應大	7(2)
千葉大	6(0)	上智大	11(0)
埼玉大	2(0)	東京理科大	28(2)
東京医科歯科大	1(0)	青山学院大	22(4)
東京学芸大	1(1)	中央大	44(9)
東京工大	1(1)	法政大	44(2)
一橋大	1(0)	明治大	41(3)
横浜国立大	1(0)	立教大	42(3)
首都大学東京	3(0)	学習院大	11(2)
横浜市立大	2(0)	北里大	10(1)
その他国公立大	6(3)	その他私立大	452(51)
計	26(5)	計	742(80)

和田式教育的指導

つい疎かにしがちな「復習」の重要性を夏休み前にチェックしよう

受験勉強に一所懸命取り組んでいる割に、思ったほど学力が伸びないという人はいませんか。もしかしたら、「復習」という当たり前のことを軽視しているのではないでしょうか。夏休み前のいまの時期に「復習」の大切さを再確認し、今後の受験勉強に活かしていきましょう。

復習することで知識は定着する

先月号の「和田式教育的指導」では、受験勉強に大切なのは勉強のスピードをあげることだとお話ししました。受験勉強はいかに多くの量をこなせるかがポイントであり、勉強のスピードがあがれば、勉強できる量が増えるからです。

例えば、3時間で10ページ勉強する人の方が、5時間で5ページ勉強する人より多くの量を勉強できることがわかります。

しかし、勉強した内容を一度ですべて覚えるということは、難しいものです。3時間で10ページ進むことのできる人であっても、きちんと復習をしていなければ、1カ月後には勉強した内容を忘れてしまうかもしれません。10ページのうち、2ページぶんしか頭に残っていないということもありえます。

5時間で5ページしか進まない人でも、しっかりと復習をしていたために、1カ月後でも5ページ勉強したうちの4ページぶんが頭に残っていたとするとどうでしょう。

2ページぶんと4ページぶんでは、4ページぶん頭に残っている人の方が受験に勝てる確率が高いと言えますね。いくら勉強のスピードが速くても、勉強内容が身についていなければ、意味がないのです。

勉強内容をしっかりと定着させるために、復習は欠かせません。受験勉強を進めることと同じくらい、復習が大切なのだということを肝に銘

Hideki Wada

和田秀樹

1960年大阪府生まれ。東京大学医学部卒、東京大学医学部附属病院精神神経科助手、アメリカのカールメニンガー精神医学校国際フェローを経て、現在は川崎幸病院精神科顧問、国際医療福祉大学大学院教授、緑鐵受験指導ゼミナール代表を務める。心理学を児童教育、受験教育に活用し、独自の理論と実践で知られる。著書には『和田式　勉強のやる気をつくる本』（学研教育出版）『中学生の正しい勉強法』（瀬谷出版）『難関校に合格する人の共通点』（共著、東京書籍）など多数。初監督作品の映画「受験のシンデレラ」がモナコ国際映画祭グランプリ受賞。

じてください。受験勉強をしていて、「勉強をしている割に学力が伸びないな」と感じている人は、復習が足りていないということがよくあります。心当たりのある人は、さっそく今日から、復習に取り組む時間を増やしてみてください。

復習を受験計画に組み入れていく

復習の大切さがわかったところで、実際どのように受験勉強に復習を取り入れていけばよいのかをアドバイスしましょう。

まずは、前日に勉強した内容を、その翌日に復習するというように、毎日の習慣に取り入れてみてください。翌日の朝の勉強時間は前日の復習にあてるなど、短い時間でもいいので毎日行っておくことで、頭に残る量は大きく変わってくるのです。

週に1回、復習をする日を設けるのもよいでしょう。例えば、1週間の勉強計画を立てたら、月~土曜日までに終わらせるように割り振ります。日によっては予定よりも進まないこともあるでしょうから、土曜日など時間がある日を使って終わらせるようにして、日曜日は1日復習にあてて、1週間で学んだ内容を復習するとよいでしょう。

まとめノートや暗記用のカードを作ったり、受験勉強のためにさまざまな工夫をする人が多いのですが、それを見返して復習しないと意味がありません。復習の重要性を夏休み前のこの機会にしっかりと確認して、今後の受験勉強に活かしていってほしいと思います。

和田先生のお悩み解決アドバイス!!

Question

色々悩んでしまい志望校が決まりません

Answer

悩んだときはとりあえず上位校を目標にすること

志望校は、早めに決めておいた方が受験計画は立てやすいのですが、自分が高校３年間を過ごす場所を決めるとなると、悩んでしまうこともあるでしょう。

もしなかなか決められないという場合は、とりあえず上位校をターゲットに置いて受験勉強を進めていくことをおすすめします。目標を高く設定しておけば、あとで少しレベルを下げた学校を志望校に決めたとしても、問題なく受験勉強を進めることができるからです。また、高めに設定することは、モチベーションの向上にも役立つでしょう。

それでも不安な方は、高校受験が人生の最終ゴールではないのですから、最後まで志望校を決められなかったとしても、「高校受験は通過点の１つだから、入学できる高校に行ければ十分だ。大学受験では行きたいところへ行けるように頑張ろう」という考えを持てばいいでしょう。悩みすぎて受験勉強が疎かにならないように、発想の転換をうまく活用してください。

教育評論家 正尾 佐の

高校受験指南書

国語

「今年出た基礎的な問題」シリーズの最後は国語だ。高校入試で必要な国語の基礎力は、次の5つだろう。

①常用漢字を書く力
②常用漢字を読む力
③現代日本語の文法
④よく用いられる語（慣用句・四字熟語・故事成語など）の意味
⑤敬語を使いこなす力

なかでも①はどこの公立高であれ、私立高であれ、必ず出される。

今年、東京都立高校の共通問題で出た①の問題をあげるので、自分のいまの漢字力を確かめるために、鉛筆を持って答えを書いてみよう。

> 次の各文の――を付けたかたかなの部分に当たる漢字を楷書《かいしょ》で書け。
>
> (1) 梅の花を見て、ショシュンを感じる。
> (2) 湖面に、冠雪した山がサカさに映る。
> (3) 友人の話は機知にトんでいておもしろい。
> (4) ホテルのキャクシツで旅の疲れをいやす。
> (5) 駅に向かうバスが幹線道路に架かるリッキョウを渡る。

正答は、(1)＝初春、(2)＝逆（さ）、(3)＝富（んで）、(4)＝客室、(5)＝陸橋だね。

気をつけたいのは、「楷書で書け」という指定だ。うっかり行書のような文字で書いてはいけない。

解答
(1) 初春
(2) 逆
(3) 富
(4) 客室
(5) 陸橋

自校作成問題も見てみよう。白鷗はこんな漢字を出した。

> (1) 正直にハクジョウする。
> (2) 合唱コンクールの課題曲のカシを覚える。
> (3) キンコツたくましい体操選手の演技に感銘を受けた。
> (4) 職人のジュクタツした技を継承する。
> (5) 図書館で郷土史の資料を閲覧にキョウする。

さすがに共通問題よりも難しい。(2)を歌詩と誤記しがちだし、(5)は書けない人の方が多いだろう。

正答は、(1)＝白状、(2)＝歌詞、(3)＝筋骨、(4)＝熟達、(5)＝供（する）だ。

解答
(1) 白状
(2) 歌詞
(3) 筋骨
(4) 熟達
(5) 供

埼玉県立高は、書き取り問題は2題だけだ。

> (1) 文学作品のヒョウロンをする。
> (2) ヒタイに汗して働く。

正答は、(1)＝評論、(2)＝額。(1)はともかく、(2)を誤った人は猛反省して、漢字の練習に真剣に取り組まないと、高校入学後も困るぞ。

解答
(1) 評論
(2) 額

神奈川県立高と千葉県立高にはふれない。どちらの県もホームページに入試問題を掲載していないからだ。受験生のみんなが知りたい過去問を公開しないのは残念だね。

東京都は教育委員会が全問題を掲載しているし、埼玉県も、著作権にかかわる問題は「掲載許諾申請中」と明記しており、それ以外の問題はすべて掲載している。

私立高はどうだろう。やはりホームページに問題を掲載している神奈川の2校を取り上げる。まず、桐光学園だ。

あ　ふだんまったく問題にならないのですから。
い　それは「常識」としてりゅうつうする。
う　そのかじょうに陥ることは避けられただろう。
え　もっとしんこくな対立と解決困難な大問題がある。
お　あのお話のようなおろかしいやりとりに陥る

次は鎌倉学園の書き取り問題だ。

1　社会フクシに貢献する。
2　将来はジュウイになりたい。
3　旧友にグウゼン出会う。
4　物陰にヒソんで敵を待つ。
5　参加希望者をツノる。

桐光学園の正答は、あ＝普段、い＝流通、う＝過剰、え＝深刻、お＝愚（かしい）。

解答
あ　普段
い　流通
う　過剰
え　深刻
お　愚

「普段」と「愚」を正しく書けない人もいるだろう。

鎌倉学園は、1＝福祉、2＝獣医、3＝偶然、4＝潜（んで）、5＝募（る）が正答。1の祉、2の獣をしっかり書ける人は漢字力は十分だ。どの高校の難しい問題でも、誤りなくこなせるだろう。

解答
1　福祉
2　獣医
3　偶然
4　潜
5　募

次に②の読みの問題を見てみよう。東京都立高校の共通問題だ。

次の各文の——を付けた漢字の読みがなを書け。
(1)　郷土芸能を鑑賞する。
(2)　講師の博学ぶりに驚嘆する。
(3)　旅行先で、その土地の銘菓を買う。
(4)　体操選手の鮮やかな演技に魅了される。
(5)　木枯らしが吹いて、日ごとに寒さが募る。

正答は、(1)＝かんしょう、(2)＝きょうたん、(3)＝めいか、(4)＝あざ（やか）、(5)＝つの（る）。

解答
(1)　かんしょう
(2)　きょうたん
(3)　めいか
(4)　あざ
(5)　つの

(5)の「募る」が鎌倉学園では書き取りで、都立高では読みで出た。こういうふうに、書き取りと読みの両方で出されるのは珍しくない。

しかも、「募る」は昨年、千葉県立高ですでに出されており、この「高校受験指南書」でも1年前に記事にしたんだ。やはり『Success15』は役に立つね。

なお、細かいことだが、(1)を「かんしよう」、(2)を「きようたん」などと書き記してはならない。「しょう・きょう」と正しく書けなければならない。〈や・ゆ・よ〉ではなくて、〈ゃ・ゅ・ょ〉だ。もちろん〈つ〉も同じだよ。

「そんな小学校1年生レベルのことを！」と思うだろうね。だが、実際は、こういう誤りはかなり多いのだ（ちなみに、日本語学では〈ゃ・ゅ・ょ〉は拗《よう》音《おん》、〈っ〉は撥音《はつおん》という）。

都立白鷗の自校作成問題はこうだ。

(1)　利用者の便宜を図る。
(2)　浅薄な考えを改める。
(3)　兄は酪農家を志している。
(4)　長年の累積赤字が解消される。
(5)　結核の撲滅を目指す研究に携わる。

読みの問題もやはり共通問題よりも難しい。とくに(2)は難しく、読めない人の方が多いかも知れないね。

正答は、(1)＝はか、(2)＝せんぱく、(3)＝らくのうか、(4)＝るいせき、(5)＝ぼくめつ。

解答
(1)　はか
(2)　せんぱく
(3)　らくのうか
(4)　るいせき
(5)　ぼくめつ

埼玉県立高は、3題だけ。

(1)　厳密な審査を行う。
(2)　国から県へ管轄を移す。
(3)　岩かげに魚が潜む。

これも、東京都の共通問題よりも難しい。(2)の正答者はかなり少ないだろう。(1)＝げんみつ、(2)＝かんかつ、(3)＝ひそ（む）。

解答
(1)　げんみつ
(2)　かんかつ
(3)　ひそ

私立高は、読みと同じく、神奈川の鎌倉学園だ。

1　電車が峡谷を走る。
2　人生の岐路に立つ。

3　健康のために摂生する。
4　優勝を祝う会を催す。
5　気の毒な友人を哀れむ。

これも、やや難しい。とくに1、2がそうだ。1＝きょうこく、2＝きろ、3＝せっせい、4＝もよお（す）、5＝あわ（れむ）が正答。

解答
1　きょうこく
2　きろ
3　せっせい
4　もよお
5　あわ

1の「谷」、2の「岐」を正しく読めるなら、漢字力に自信を持っていい。ただし、4を「もよう」と誤るようでは「喝《かつ》、未熟者め！」と言いたくなるなぁ。

③の文法の問題は今回はふれる余裕がないので、④の話をしよう。

Aさんの学級では、ことわざや慣用句、故事成語などについて調べ、話し合いを行いました。次のAさんとBさんの会話を読んで、空欄《くうらん》Ⅰにあてはまる語句を、漢字二字で書きなさい。また、空欄Ⅱにあてはまる内容として最も適切なものを、あとのア～エの中から一つ選び、その記号を書きなさい。

> Aさん「ことわざや慣用句、故事成語などを調べると、同じ語句がいろいろな言葉の中で使われていることがわかりました。たとえば、『[Ⅰ]の道も一歩から』、『悪事[Ⅰ]を走る』、『[Ⅰ]眼』などには、同じ語句が使われています。」
> Bさん「本当ですね。[Ⅰ]は、非常に（Ⅱ）を表す語句ですが、ことわざや慣用句、故事成語などの中で広く使われているのですね。」

ア　遠い距離　イ　狭《せま》い空間
ウ　遠い未来　エ　短い年月

（埼玉県）

[Ⅰ]は、「[Ⅰ]の道も一歩から」、「悪事[Ⅰ]を走る」、「[Ⅰ]眼」のうちのどれか1つだけでもわかればいい。

[Ⅰ]には「千里《せんり》」が入る。「里《り》」は長さの単位で、1里は約3・9kmだった。だから、千里は3900kmということになる。

（Ⅱ）にはアの「遠い距離」が入るが、ただし、もともとは距離でも、いまでは「遠い未来」という意味でも使われるようになっている。

なぜなら、時間と場所（空間）は関係が深く、言葉もそれに引き込まれて、時間の意味でも空間の意味でも使われることが少なくない。

例えば、「長い」「短い」という語は、「長い距離・短い距離」でも「長い時間・短い時間」でも通用する。

「千里の道も一歩から」は『大事業も、まず容易な事から始め、地道に努力を積み重ねるなら成功する』という教訓。

「悪事千里を走る」は『悪い行為や悪い評判はすぐに世間に知れわたる』という意味。

「千里眼」は『動かずに、千里先まで見通せる能力』のこと。

解答
Ⅰ　千里
Ⅱ　ア

また、④の語意の理解力に表現力を合わせて試そうという出題もあるから、油断してはいけない。

> 「私はもとより文字を書くことを知らない」とあるが、これと同じ意味・用法で「もとより」を用いて、二十五字以上三十五字以内で文を作れ。なお、、や。などもそれぞれ字数に数えよ。
>
> （東京都）

というような問題も出される。

「もとより」には『初めから。以前から。もともと』という意味と、『言うまでもなく。もちろん』という意味がある。

中学生には耳慣れしない言葉だろう。大人が用いる言葉なのだ。しかし、「そんな言葉が出されたら、できないよ～」と嘆くことはない。

というのは、入試問題に使われるのは、中学校の教科書に載っている文章よりももっと難しめの文章（つまりは大人の言葉がたくさん用いられている文章）だ。だから、過去問を勉強すればするほど、「もとより」というような言葉をどんどん目にして、それらを身近な言葉として自分でも用いられるようになるものなのだ。

そう、私が言いたいのは、過去問にできるだけたくさん取り組もう、ということだ。

さて、①～⑤は現代文の基礎力だが、学校によっては古文や漢文が出題される。古文・漢文（高校では、古文・漢文を合わせて古典と言う）の基礎力と言えば、語彙《ごい》力（古語や漢語をどれだけ知っているかという能力）と文法力だ。

だから、志望校をできるだけ早く決定して、現代文の学習だけでいいのか、古文・漢文もかなり勉強しなければいけないのか、それらをしっかり定めることが大切なことになる。

編集部より
正尾佐先生へのご要望、ご質問は
FAX：03-5939-6014
Eメール：success15@g-ap.com

精神科医からの処方箋

子どものこころSOS

大人の知らない「子どものこころ」。そのなかを知ることで、子どもたちをめぐる困難な課題を克服する処方箋を示唆。気鋭の精神科医・春日武彦が「子どものこころ」を解きほぐし、とくに受験期に保護者がとるべき態度や言動をアドバイスします。

A5版　224ページ
定価　2,000円＋税
ISBN4-901524-80-1

精神科医
春日 武彦　著

「率直に言って、受験を迎えるお子さんがいるご家庭においては、親子ともに『こころの健康マネージメント』が必要だと感じています。しかし、これを実際におこなっていくのは、なかなかむずかしい。本書は、現実生活のなかでどう対応したらよいのかを、学説や教育論ではなく、こころに届く絶妙な筆致で綴った得難い一冊です」
（教育評論家・森上展安）

子どものこころ？

受験期にはどう接すればいい？

子どもとうまくつきあいたい

★ご注文方法
本書は一般書店にてお買い求めになることができます。万が一、書店店頭に見当たらない場合には、書店にてご注文のうえ、お取りよせいただくか、弊社営業部までご注文ください。ホームページからもご注文いただけます。

株式会社 グローバル教育出版
〒101-0047 東京都千代田区内神田２－４－２　グローバルビル３階
TEL：03-3253-5944（代）　FAX：03-3253-5945

WASE-ACA TEACHERS

宇津城センセの受験よもやま話

夏の学習を効果的なものにするために

宇津城 靖人先生

早稲田アカデミー　神奈川第二ブロック　ブロック長
兼 センター北校校長

随分暑い日が続くようになりました。まもなく梅雨入りをして、梅雨が明けたらもう夏ですね。さて、今月は、夏の過ごし方の工夫についてお話をしたいと思います。

夏休みを迎える前に

夏休みは本当に多くの時間を学習に割くことができる絶好のチャンスです。しかしながら、時間が膨大にあるように思えるぶん、「これは次回でいいや」「明日から●●をやる」といった自分への妥協をしてしまい、結果的に思うように学習が進んでいなかったというケースをよく見受けます。

そこで、夏休みを迎える前にぜひ行っておいてほしいのが「課題の抽出」です。なにをなすべきなのか、どの科目をどれだけ学習せねばならないのかを、書き出してみましょう。最初に学習のゴールを定めないと、なんとなく日々学習をしたつもりになって終わるという事態に陥ってしまうものです。長時間自習室で勉強したから、長いこと図書館にこもっていたから勉強がはかどったという勘違いに陥らないために、まずはゴールの設定をしましょう。

ゴールが設定できたならば、それが妥当なものかどうか他者に判断してもらいましょう。これはできれば塾の各科目の担当講師などに相談するのがベストだと思います。行うべきことを自分1人で決めると、得意なものに偏ってしまったり、本当は穴を埋めるべき単元や分野に気づかずに計画を組んでしまう可能性があります。客観的に見て十分だと太鼓判を押してもらえる課題の量と質をめざして考えてみましょう。

課題の抽出が終わったら

行うべき内容や課題を抽出し終えたならば、これを計画に落としこみます。カレンダーを基に、いつまでになにを行うのかを記していきます。各科目の課題をなるべく細かく分けて配分するのがポイントです。

例えば、丸一日「数学」という大雑把な計画では実効性が乏しいですし、なかなか実行もできません。可能であれば●●問題集の▲▲という単元、■■ページ〜★★ページまでというレベルで決められるとよいでしょう。この時期までにこれを仕上げてと、自分のスケジュールに合わせて予定を立てましょう。

計画を立てるときに、人は「無謀」になりがちです。できもしないのに「1日17時間勉強！」と計画したところで、絶対に計画倒れになってしまいます。実行されない計画ほど無意味なものはありませんから、計画は実現可能な範囲で作成せねばなりません。しかしながら、極めて平易に実現できるような計画では、成果を生み出すことができなくなってしまいます。そこで計画を作成する際には軸足を「時間」に置きます。

まずは予定表を作成するなかでその日の学習可能時間が何時間あるのかを確認しましょう。そして次にそれぞれの作業や課題を解くのに必要となる時間を考えます。あとはこの2つの引き算が成立するかどうかです。部活動や塾の講習会の授業など、拘束時間があるものをしっかりと把握しておき、自分の学習可能な時間からはあらかじめ引いて計算をしましょう。これにてほぼ計画は完成というところです。

時間を有効に活用する

まずは悪いケースを紹介します。計画を立て、その通りの勉強をしている——。一見すると完璧な受験生に見えますが、じつはそうでもないことがあります。大切なのは「何時間勉強したか」ではなくて、「なにをどれだけ勉強したか」なのです。陥りやすいミスとして、「長時間勉強すること」が「長時間机に向かっていること」にいつのまにか変換され、単に机に向かっていればそれが美徳のように思ってしまい、本来の意味で学習できている時間は短いのにもかかわらず「自分はすごく勉強している」と勘違いをしてしまうのです。図書館や塾の自習室などを利用していても、結局ボーっとしている、寝てしまう、文房具をいじっている、キョロキョロして集中していない、落書きしている、テキストは開いていても字を追っているだけで考えていない、右から左へノートに写すのみ（きれいに何色ものペンでノートを作るのに夢中になってしまう女の子など）で頭を使わない、動くものを目が勝手に追ってしまう、などなど「勉強」と呼べない時間を過ごしていることが多くあります。いつかどこかでこの無為な状態から脱却しなければなりません。現実に目の前に積まれている課題から目を背けたくなる心情は理解できます。ゆえに現実逃避に走ってしまった、そういうことであれば、まだ症状は軽いといえます。問題なのは無意識にそのような状態に陥ってしまう場合です。

このケースは本人の集中力に大きくかかわる問題ですので、根治することがなかなか困難ですが、「時間意識」を持つことで、ある程度抜け出せます。具体的には「何分以内に●●をやる」「次は●●を▲▲分で終わらせる」というふうに目標時間と処理内容を明確にし、その達成度を見ていくという手法です。立てた計画に基づいて、行うべき作業の終了目標時間を決めて取りかかる。これだけで随分と集中して取り組める生徒は増えます。

さらに大切なのは「第三者の目」があることです。生徒が自主学習している最中に監視の目があることがベストだとは考えますが、べったりと担当講師が張りつき、ご家庭におもむいて四六時中学習管理を行うということは現実的ではありません。そこで、少なくともその日の終了時に、担当講師に自主学習したものをチェックしてもらうとよいかと思います。長時間自習をしていたにもかかわらず、消化された内容量が明らかに少ない場合には担当から指導が入るはずです。
①単に無為に時間を過ごしてしまった。②わからない、つまずいた単元で時間がかかった。③そもそも計画が無謀で実現が不可能な量があてがわれていた。これらのいずれか3つには多くの生徒が当てはまるはずです。担当にチェックされることで、緊張感が増し、見かけだけの自習（ファッション自習）から脱却することが可能となります。

眠くなってしまったら

大切な勉強中に眠くなってしまったら、みなさんはどうしていますか。色々と睡魔撃退の方法はありますが、カフェインを摂る（コーヒーを飲む）とか、シップ薬を目の周りに塗る（これ痛いです）とか、顔を洗うという古典的な技もあります。でも、眠いものは仕方がない。一瞬は目が冴えても、すぐにまた眠くなってしまう…。なんてことはないですか？

そんな困ったときの解決策は——「寝る」ことです。

どうしても眠いとき、そんなときは「寝て」ください。しかし、眠りたいだけ眠ったのでは学習時間も確保できませんし、ただの怠け者になってしまいます。学習時間中にどうしても睡魔に勝てそうもない状況が生まれたら、「15分睡眠」をとることをおススメします。経験則ですが、人間の睡眠はどうも15分刻みで区切るとよい目覚めが迎えられるように思います。これは友人や生徒たちにも伝えて結構好評な意見なので、みなさんもぜひ実践してみてください。15分をタイマーで計って仮眠をとる。するとウソみたいにすっきり目覚められます。15分経ってもどうしても眠い場合は30分。私自身は最悪45分までの延長を可としていました。これが結構、効果的です。その後、すっきりした気分で勉強がはかどったものです。さらにどうしても眠い場合の必殺技は「お風呂に入る」です。身体と頭と顔をしっかり洗って、すっきりしてから勉強します。ここまでやっても眠い、お風呂に入っても湯船で寝てしまうときは、もう、ホントに寝てください。身体が睡眠をとれと命令しています。そんななかで無理に勉強しても効果はあがりません。

睡魔の話をしてきましたが、基本的に最初に触れた通りの規則正しい生活を送っていれば、そんなに眠くてつらいということはないはずです。まずはしっかりと生活のリズムを整え、体調も整えておくとよいでしょう。これがなによりも最優先されるということは理解しておいてください。

WASE-ACA TEACHERS

国語

東大入試突破への現国の習慣

すべては「こうなりたい!」という強い思いからスタートするのです!

田中コモンの今月の一言!

田中《たなか》 利周《としかね》先生

早稲田アカデミー教務企画顧問

東京大学文学部卒。東京大学大学院人文科学研究科修士課程修了。文教委員会委員。現国や日本史などの受験参考書の著作も多数。

グレーゾーンに照準! 今月のオトナの言い回し「ややもすると」

「とかくそうなりがち」といった意味合いの言い回しです。「ややもすると」の後で述べられる状況に「陥りやすい様」を表しています。一つ例文を挙げてみましょうか。「多くの時間をかけて準備してきた計画が、ややもするとメンバー間の意思疎通の不全からくる些細な行き違いによって、頓挫することがある」なんていう場合です。わざと難しい熟語を使っていますからね(笑)。「いしそつう」「ふぜん」「ささい」「とんざ」、読み方も注意してください。この例文が論説文の中に出てきたとしたら、どのように受けとめればいいのでしょうか? 「よくあることだから仕方がない」と、失敗を正当化するためではもちろんありませんよね。この場合はあくまで、「よくあること」として取り上げられた事例を通して、それほど意思疎通を図ることは難しいということ、そしてコミュニケーションがいかに大切であるかということを説いているのだ、ということに気づかなくてはなりません。さらには、次の展開が予想できるように! すなわち、どのようにすれば意思疎通が図れるのか? という問題提起と、このようにすればよい! という解決方法の提示が続くであろう、ということです。

文章の中で「ややもすると」という言い回しに出くわしたならば、「多くの場合そうである」というその場での内容をおさえた上で、次にそうしたケースから免れるための方法論が続くであろうと予期できるようになってください。陥りがちな失敗を避けて、筆者にとって望ましい結果が得られるように、どうすればいいのかが述べられるはずだ、と身構えておけばいいのです。そして、筆者が行うであろう論証の手続きを確認しながら読み進めていくのです。この展開を予測しながら読み進めること、そしてその通りであるかを確認しながら読み進めることこそが、「余裕」につながるのです。

車の運転では「予測しながらハンドルを握る」ことが重要だとされています。まだ車の免許を取ることができない君たちにも分かりやすく言うならば、それは自転車の運転でも同じことです。見通しの悪い曲がり角に闇雲に突っ込んでいくことはしないでしょう? それは「向こうから車が来ていたら危ない」という先を見越しての行動なのです。この態度に「意気地なし」と横やりを入れる人はいないでしょう。命あっての物種ですから。これがこと文章読解となると、後先も考えずに「とにかく早く解き終わろう」とばかりに、文章を目で追うだけでどんどん先に進んでいってしまうのはなぜでしょう（笑）。

運転のたとえでは、何も考えずに全速力で突っ込んでいくことが如何に無謀かということについては、誰もが納得することだと思います。小学校の近くを自転車で走っていたならば「次の角では子どもが飛び出してくるかもしれない」と予測しつつ、余裕を持った運転を心掛けるでしょう。文章読解でも同じことです。文と文との間の「曲がり角」ごとに次の展開を予想しながら読む、といえば分かりやすいでしょうか。オトナの文章独特の言い回しをしっかりと理解し、予測の精度を上げて、余裕を持って文章に取り組めるようになること。これが君たちの目標なのです！

慇・懃・無・礼?! 今月のオトナの四字熟語「一気呵成」

筆者の学生時代からの友人に自己管理がとても苦手な人物がいます。大学の授業にも遅刻しがちで、とりわけ一時間目の授業には来たためしがありませんでした。あまつさえテストの当日も「寝坊した」と頭をかきながら試験時間が終わろうかというタイミングで教室に現れるといった始末。大物といえば大物でしょうね（笑）。今では大手企業の部長職に就いていますよ。そんな彼が、ある時期急激に太りはじめて…。「自己管理ができないのは相変わらずだな」と私は笑って話をしていたのですが、本人はいたって深刻に受けとめていました。自己管理ができていないという指摘にショックを受けたのではなく、単純にデブになったという現実を受け入れることに抵抗を示しているようでした。私から見ればそれほど変わっていないように思えるのですが、本人に言わせると「学生時代の面影はもはやない」とのこと。鏡に映った自分を見てショックを受けたというのです。「年も年だし、見た目より、健康に気遣う必要はあるね」という私の意見に聞く耳を持ったのかどうかは定かではありませんが、彼は体重管理を決意し、軽い運動と食事管理を一年間行うことにしたのです。その後、一年たっても相変わらずの彼を「自己管理はやっぱり苦手か」とからかったところ、いつになく沈んだ様子で「ちゃんと取り組んでみたつもりだったのだが…かえって体重は増えてしまった…」と歯切れの悪いセリフをぼそぼそとつぶやく始末。なんだか「頑張っているのに成績が上がらない…むしろ下がってしまった…」と悩んでいる教え子のようなありさまです。

ここで私の教師心がムクムクと頭をもたげ、「ちゃんと取り組んだと言っているが、本当か？」と、まるで面談にきた生徒を扱うかのように、彼の一年間の取り組みに対する聞き取り調査を実施しました。気分はカウンセリングですね。思ったとおり、きっちりと予定を立てずに漫然と取り組んでいたこと、一年はやはり期間が長いため「今日はだめでもいつか挽回すればいい」という甘えがあったことが明らかになりました。

私からのアドバイスはこうでした。一年という期間は長い。「あと一カ月でやる」という断固たる決意で新たに取り組むべし、何よりも「終了日」を決めるべしと。そして具体的な運動の「内容」を確定して、一日のうち「いつ」やるのかを決めること。最後に「こうなりたい」というイメージを明確に持つこと。そもそもオヤジが「やせたい」なんていうときには、下心があるに決まっています（笑）。スリムになった自分がどんな風に周りから見られるのか。その心地よさを先取りしてイメージすることがポイントだ、と。

すると、明らかにスケベ心からでしょうが、運動も毎日続けられるようになり、一年かけても落とせなかった体重が、たった一カ月で5キロも減ったのです！

アドバイスをした私に、彼が心から感謝の意を表したかというと…そうならないところがいかにも彼らしい。「やっぱりオレはやる時はやるな！」と自画自賛して終了です。いや、大した人物です。まぁ、そこが憎めないのですが。

ものごとを成し遂げられるかどうかは、決心が「いかに強いか」にかかっています。そして目標が決まったら、「期間」を、とりわけ「終了日」を決め、一気呵成に取り組むことです。ようやく出てきました（笑）、今月の四字熟語です。「いっきかせい」と読みますからね。「ものごとを一気になしとげること」を意味します。

さて、このことは国語の成績を上げることにも勿論当てはまります。英語や数学のように「この単元を一週間で復習しよう」といった勉強法が通じないと思われがちな国語ですが、それは単なるネガティブな「思い込み」なのです。漫然と取り組むのではなく、「一週間、論説文の読解に集中して取り組んでみよう！」という作戦は、本当に有効なのです。その際には「一週間後に論説文の読解が完壁になっている」というイメージを持つことです。ポジティブな「思い込み」を抱きつつ、集中的に問題文をこなしていくのです。すべては「こうなりたい」という思いが最初にあるのだ、ということを理解しておいて下さいね。自画自賛による思い込みも必要なんですよ！

た後，Bさんの家までこの道を歩き，午前9時39分にBさんの家に着いた。

このとき，Aさんの家からC商店までの道のりと，C商店からBさんの家までの道のりを求めなさい。ただし，Aさんの家からC商店までの道のりをxm，C商店からBさんの家までの道のりをymとして方程式をつくり，答えを導くまでの途中経過も書きなさい。（神奈川県）

＜考え方＞

Aさんが自宅を出発して、Bさんの家に着くまでの時間に注目して式を立てるのが普通ですが、その時刻が出ていませんから、その後のBさんの家とC商店を往復するところまでを含めて考えなくてはいけません。

このとき、「時間」＝「道のり」÷「速さ」の関係に注目して式を立てます。

＜解き方＞

Aさんの家からC商店までの道のりをxm、C商店からBさんの家までの道のりをymとすると、

Aさんの家からBさんの家までの道のりは1200mであることから、

$x+y=1200$ ……………………………………①

午前8時から9時39分までの99分間のAさんの行動から、

$\frac{x}{50}+\frac{y}{60}+60+\frac{y}{50}+5+\frac{y}{60}=$**99** ……………②

これを整理して、

$3x+8y=5100$ ………………………………③

①、③より、$x=900$、$y=300$

よって、Aさんの家からC商店までの道のりは**900m**、C商店からBさんの家までの道のりは**300m**

＊一般的に速さの問題は問題文が長いことが多いので、条件を丁寧に読み取ることが大切です。条件が複雑な場合には、図を用いて整理することも有効です。

仕事の速さに関する問題も見ておきましょう。

次の問題は、算数ではニュートン算とよばれるものです。

問題3

ある養豚場には豚がn頭（nは自然数）いて，ある量のエサの蓄えがある．そのエサは毎日一定量が買い足される．しかし，エサは蓄えも含めて210日で豚に食べ尽されてしまう．また，最初の豚の数が$2n$頭だったとすると，エサは蓄えも含めて70日で食べ尽されてしまう．もし，最初の豚の数が$3n$頭だったとすると，エサは蓄えも含めてすべて何日で食べ尽されるか．上記のデータから算出せよ．（慶應義塾志木）

＜考え方＞

豚1頭が1日に食べるエサの量、毎日買い足されるエサの量、蓄えられているエサの量などを全部文字で置いてみましょう。

エサが蓄えも含めて食べ尽されたとき、

「豚が食べたエサの合計量」＝「それまでに買い足されたエサの合計量」＋「はじめに蓄えられていたエサの量」という関係に注目して式を立てます。

＜解き方＞

豚1頭が1日に食べるエサの量をa、毎日買い足される一定量をbとし、蓄えられているエサの量をcとすると、210日で食べ尽されてしまうことから、

$210a\times n=210b+c$ ……………………………①

また、豚の数が$2n$頭のときに、70日で食べ尽されてしまうことから、

$70a\times 2n=70b+c$ ……………………………②

①×2－②×3より、 $420b+2c=210b+3c$

これより、$c=210b$ ……………………………③

これを①に代入して、$210an=420b$より、

$an=2b$ ………………………………………④

最初の豚の数が$3n$頭だったときに、x日で食べ尽されるとすると、

$ax\times 3n=bx+c$

これに③、④を代入して、

$6bx=bx+210b$ より、$5bx=210b$

これより、$x=42$

よって、**42日**で食べ尽される。

＊　＊　＊

文章題が苦手な人は、今回ここで学習した問題を、もう一度自分のノートで解き直して、もとになる考え方や解き方のコツをつかむ努力をしてみましょう。

また、割合や速さの問題では、係数が小数や分数の文字式・方程式の計算が出てくるのが普通ですから､正解するためには確かな計算力も求められます。その意味でも解説を読んで理解するだけでなく、自分で答えを導く練習を繰り返すことが大切です。

WASE-ACA TEACHERS

数学

楽しみmath 数学！DX

条件の整理と確実な計算で 割合と速さの問題をマスター

登木 隆司先生
早稲田アカデミー 城北ブロック ブロック長
兼 池袋校校長

今月は、割合や速さに関する文章問題を学習していきます。

まずは、生徒の増減に関する割合の問題です。

問題1

ある中学校の昨年度の生徒数は360人であった。今年度は男子が５％減り，女子が10％増えたため，全体として昨年度より12人増えた。昨年度の男子の生徒数を求めなさい。　（茨城県）

＜考え方＞

昨年度の男女の生徒数をx人、y人とおいて連立方程式を立てましょう。

このとき、「増えた（減った）人数」＝「昨年度の数」×「増えた（減った）割合」
の関係に注目します。

＜解き方＞

昨年度の男子の生徒数をx人、女子の生徒数をy人とすると、

昨年度の生徒数は360人であったことから、

$x+y=360$ ……………………………①

今年度の男子、女子の増減から、

$-\frac{5}{100}x+\frac{10}{100}y=12$ ……………………②

これを整理して、

$-x+2y=240$ ……………………………③

①、③より、$x=160$、$y=200$

よって、昨年度の男子の生徒数は**160人**

続いては、速さに関する問題を見ていきましょう。

問題2

Aさんの家からBさんの家までの道は１通りで，この道の途中にはC商店があり，Aさんの家からC商店までは上り坂，C商店からBさんの家までは下り坂であり，これら２つの坂の斜面の傾きの角度は等しく，Aさんの家からBさんの家までの道のりは1200ｍである。

また，Aさんはこの道の坂を上るときは分速50ｍで歩き，この道の坂を下るときは分速60ｍで歩く。

ある日，Aさんは午前８時に自宅を出発して，C商店を通ってBさんの家までこの道を歩いて行った。Aさんは，Bさんの家でBさんと一緒に１時間勉強していたところ，ノートが足りなくなったのでC商店までこの道を歩いて買いに行った。Aさんは，C商店で５分間買い物をし

WASE-ACA TEACHERS

英語で話そう！

川村 宏一先生

早稲田アカデミー　教務部中学課
上席専門職

朝がちょっぴり苦手な中学３年生のサマンサは、父（マイケル）と母（ローズ）、弟（ダニエル）との４人家族。

明日のダニエルの誕生日のためにこっそり誕生日ケーキを作り、驚かせようと考えたサマンサ。

スーパーマーケットで玉子を買い、急いで家に帰ると、ローズがケーキを作る準備をしてくれていました。ダニエルは18時ごろに帰ってくるようです。２人は急いで準備に取りかかりました。

Samantha：Hi, Mom.
サマンサ　：お母さん、ただいま！

Rose　：Hi, honey. How was your day?…①
ローズ：おかえり。今日はどうだった？

Samantha：I can't complain. What time is Daniel coming back today?…②
サマンサ　：まあまあね。ダニエルは何時に帰ってくるの？

Rose　：He comes back about 18 o'clock.
ローズ：18時ぐらいよ。

Samantha：Will you help me to break eggs?…③
サマンサ　：玉子を割るの手伝ってくれる？

Rose　：All right.
ローズ：いいわよ。

今回学習するフレーズ

解説①　How～?	様子をたずねる疑問詞 (ex) A：How was your weekend?　B：Not bad. A「週末どうだった？」 B「悪くなかったよ」
解説②　What time～?	時刻を尋ねる疑問詞 (ex) What time does he come here? 「何時に彼はここにくるの？」
解説③　break an egg	(ex) He broke an egg one-handed. 「彼は片手で玉子を割った」

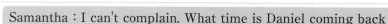

世界の先端技術

search 360度カメラ

教えてマナビー先生！
今月のポイント

まわりのすべてを撮影できて見たいときにはどの角度からも見られる便利なカメラが登場

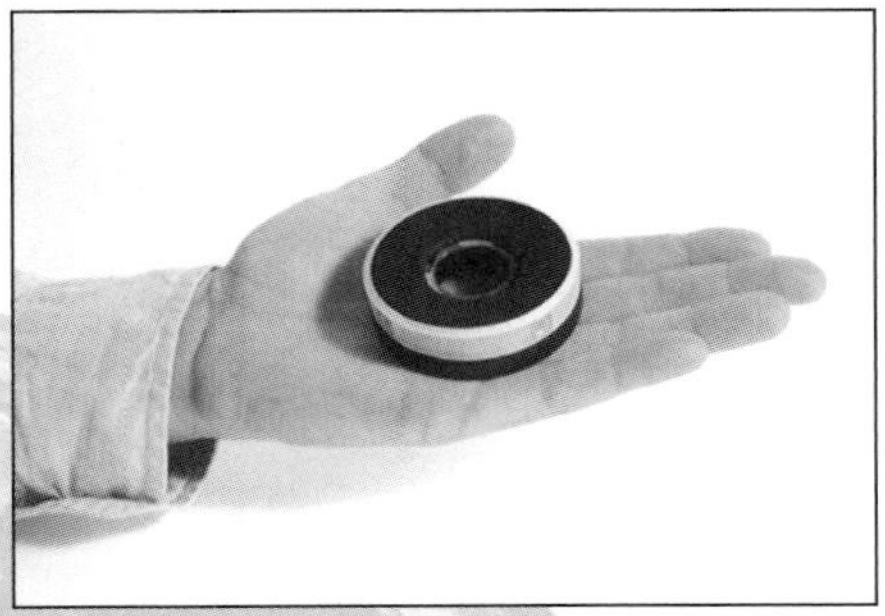

手のひらに載るサイズだけど、４台のカメラが内蔵されていて周囲360度を完全に撮影できるスグレものだ

気持ちいい季節になった。外でのスポーツや学校行事が増える時期だね。そんな思い出は写真やビデオに残しておきたいもの。終わったあとで写真やビデオを見るのは楽しいよね。でも、実際に見てみると画面ギリギリで写っていない人がいたなんてことも、よくあることじゃないだろうか。「もうちょっと右側の画像を見たいな」、なんて思うこともある。

でも、それは無理だ。これはカメラのレンズで映る範囲が撮影時に決まっているからだ。「撮るのがへただなぁ、仕方ない」とあきらめていないだろうか。

今回紹介するビデオカメラは、そんな悩みを解消してくれる便利なカメラだ。なんと、カメラの周り360度すべての撮影をすることができるんだよ。そして映像を見るときには、見たい方向を選んで見ることができるというから不思議だ。

カメラは手の平サイズのドーナツのような形をしていて、そこに４台のカメラが内蔵されている。それぞれ500万画素のセンサーがついていて、各カメラの画像は同期して記録される。カメラ１台１台が周囲100度ぐらいずつの範囲を分担して撮影しているので、映像を再生するときには、合成された360度の映像を楽しむことができる。

表示できる映像は最新の４Kという、ハイビジョンの次の世代の表示が行えるので、くっきりとした映像を見ることができる。もちろん、音もいっしょに記録できる。マイクは３つもついていて、カメラが向いた方向の音を再生できるようになっている。

撮った画像は無線通信やカードでPCなどに取り込むこともできる。

スポーツ、とくに個人スポーツを楽しんでいる人のなかで「自分撮り」というのが流行っている。自分がスキーやスノーボードをしている姿を撮影するんだ。そんなとき、このカメラを使えば自分撮りをしながら自分の目線で周りの景色も撮影できるし、流れていく周りの景色も撮影できてしまう。

みんなでテーブルを囲んで話しているときに使えば、話している人の顔も、話を聞いている人の顔もあとで自由に見ることができる。

こんなカメラを持って散歩に行きたくなってきたんじゃないかな。

▶マナビー先生

日本の某大学院を卒業後海外で研究者として働いていたが、和食が恋しくなり帰国。しかし科学に関する本を読んでいると食事をすることすら忘れてしまうという、自他ともに認める“科学オタク”。

みんなの数学広場

問題編

答えは次のページ

初級～上級までの各問題に生徒たちが答えています。
どの生徒が正しい答えを言っているか当ててみよう。
もちろん、当てずっぽうじゃなく、実際に問題を解いてみてね。

TEXT BY かずはじめ
数学を子どもたちに、楽しく、わかりやすく、使ってもらえるように日夜研究している。
好きな言葉は、"笑う門には福来る"。

上級

3個のサイコロを同時に1回投げるとき、目の和が9になる場合と目の和が 10 になる場合は、どちらが起こりやすいか？

（ガリレオ・ガリレイの解いた問題）

A 答えは…

9

目の和が小さい方が
起こりやすいのよね。

B 答えは…

10

目の和が大きい方が
起こりやすいんだ。

C 答えは…

同じ

いやいや、
どっちでも同じでしょ。

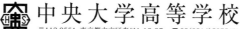

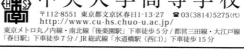

中級

右の図形は数学では
なんと呼ばれているでしょうか？

A 答えは…

五芒星

これは有名でしょう。

B 答えは…

五角形

見ればわかるよね。

C 答えは…

連続五角形

こんな感じじゃない？

初級

この4月1日から消費税が8％になりましたね。
消費税抜き 1000 円の商品は 1080 円で購入できます。
では、消費税込み 1000 円の商品はいくらで購入できますか？

A 答えは…

925円

ちゃんと計算しないと。

B 答えは…

1000円

消費税込みでしょ？

C 答えは…

1080円

ここから消費税を
足すからね。

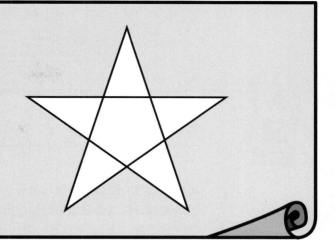

解答編

上級

正解は　答え B

実際に書きくだしてみましょう。
目の和が9になる3つの数の組み合わせは、以下の通りです。
㋐（6，2，1）　㋑（5，3，1）　㋒（5，2，2）　㋓（4，4，1）
㋔（4，3，2）　㋕（3，3，3）
これらの数字を、3つのサイコロにA，B，Cと名前をつけて当てはめると…。
例えば㋐の場合は
（A，B，C）＝（6，2，1）（6，1，2）（2，6，1）
（2，1，6）（1，6，2）（1，2，6）
の6通りになります。同様にして㋑〜㋕の数をサイコロに当てはめると
㋑…6通り　㋒…3通り　㋓…3通り
㋔…6通り　㋕…1通り
以上、合計 25 通りの場合があります。

目の和が 10 になる3つの数の組み合わせは、
㋐（6，3，1）　㋑（6，2，2）　㋒（5，4，1）　㋓（5，3，2）
㋔（4，4，2）　㋕（4，3，3）
これらの数字を、上と同じように3つのサイコロA，B，Cに当てはめると
㋐…6通り　㋑…3通り　㋒…6通り
㋓…6通り　㋔…3通り　㋕…3通り
以上合計 27 通りの場合があります。
和が一定になる数の組み合わせは、先に大きい数から順に決めていくと、残りの2数の和が小さくなるので決めやすくなります。
このガリレオが解いた問題は、サイコロの和について、和が9も和が 10 も3つの数の組み合わせは㋐〜㋕の6通りですが、これをサイコロ1つひとつに当てはめると、和が 10 の方が起こりやすいと言うことがわかるお話です。

A

ちゃんと違いは
出るんだよ。

B

C

根拠は？

中級

正解は　答え A

色々な呼び方があり、五芒星（形）・五角星形・五線星形・星型五角形・正$\frac{5}{2}$角形などがあります。いわゆる星形正多角形です。
これは、一筆書きができるばかりか、世界中で魔術の記号やお守りのマークにも使用されるほど、よく使われています。でも、意外にも名前を知る人は少ないようです。みなさん、“ 星形 ” と言いますよね。

A

B

ちょっとベタかなあ。

C

一筆書きできるから
連続って思った？

初級

正解は　答え B

よく読んでください。消費税「込み」と書いてあります。
ということは、これが「定価」。
つまり、商品を買うときにあなたが払う金額ですね。

A

それは消費税抜きの
価格です。

B

C

これ以上消費税を
払うの？

先輩に聞け！

大学ナビゲーター

中央大学

文学部人文社会学科
ドイツ語文学文化専攻　4年
髙橋《たかはし》　諒子《りょうこ》さん

文学部でのドイツ語学習と中央大独自のプログラムどちらも両立させています

高校から始めたドイツ語をさらに深めています

——中央大の文学部を志望した理由を教えてください。

「高校でドイツ語の勉強をしていたので、大学でも勉強がしたいと思い、ドイツ語が学べる大学を探していました。ドイツ語を学べるという点では、外国語学部も考えましたが、私は本が好きなので、文学についても学びつつドイツ語の勉強もできたらいいなという思いから文学部を受験することにしました。

文学部がある大学のなかでも中央大を選んだのは、中央大の『ＦＬＰ』というプログラムに興味を持ったからです。ＦＬＰとは、ファカルティリンケージ・プログラムの略で、自分が所属する学部の講義とは別に他学部の講義を履修できる、いわゆる他学部履修プログラムのようなものです。必修ではなく志望制で、各プログラムには定員があるため履修するには書類選考と面接を経なければなりません。私は無事選考を通過し、国際協力プログラムを履修できました。ほかにも環境、地域・公共について扱うプログラムなどもあり、どのプログラムも学部の枠を超えた幅広い学習ができます。中央大なら文学部でドイツ語の勉強をしながら、学部外で新たな勉強ができるので、そこが魅力的でした。」

——文学部とＦＬＰ、それぞれの講義について教えてください。

「学部の講義はドイツ語の講義が1・2年生は必修、3・4年生は選択必修でした。文法などは高校生のころすでに習っていたのであまり苦労しませんでした。しかしドイツ人の先生がドイツ語しか話さない講義は、先生が話すことを聞きとるのも大変でしたし、生徒同士でディスカッションをするときもドイツ語を使わなければならなかったので、辞書を片手に毎回悪戦苦闘していました。

　ＦＬＰは各プログラムによって講義内容は異なり、国際協力プログラムは国際社会がいまどうなっているかという現代社会に直結したことを学べるので新鮮でした。例えばＮＧＯなどの国内外で活躍する仕事や、国内外の政治についてなど、文学部の講義だけではわからなかったことも多く、勉強になりました。」

――ゼミには所属していますか。

「文学部とＦＬＰ、それぞれ別のゼミに所属しています。

　１年生のころに履修した『現代ドイツ事情』というドイツの近現代史を扱う講義がおもしろかったので、文学部のゼミは歴史学を専攻しました。現在の活動は卒業論文執筆の準備がおもですが、昨年はドイツ語の文献を各自が訳し、訳したものを1人ひとりが発表するなど、発表を行う機会が多かったです。発表の準備で苦労もしましたが、そのぶんドイツ語の文献を講読する力がついたと思います。

　ＦＬＰの方は社会学の先生が受け持つゼミに所属しています。先生が講義内容を決めることもありますが、自分たちで内容を決めて、グループワークやフィールドワークを行うことも多いです。

　昨年の時間割だと、この2つのゼミが同じ日にあったので、発表が重なってしまうと準備などが本当に大変でした。」

――将来のことについて教えてください。

「４年生なので、大学の勉強と並行して就職活動をしています。就職活動を始めてから合同説明会などで色々な企業を見ているうちに、情報を扱う仕事に携わりたいという思いが芽生えてきました。マスコミ関連企業や、印刷会社などを中心に就職活動を行っているので、そうした企業に就職できたらいいですね。」

２年生の夏にドイツへ短期留学していたときの様子。

ハンドボール同好会
４年生のみなさん。

【高校・大学と続けているハンドボール】

　高校から始めたハンドボールを大学でも続けています。中央大にはハンドボール部は男子しかないので、ハンドボール同好会に所属し活動しています。

　毎年春と秋には関東学生ハンドボール同好会リーグというリーグ戦も行われています。最近は就職活動などが忙しくあまり練習に参加できていませんが、リーグ戦の昨年秋大会では、見事優勝することができました。

【人の目があるところで勉強する】

　塾に通っていなかったので、基本的に自宅で勉強していました。しかし自宅で勉強していると誘惑が多く、つい漫画に手が伸びてしまったりと気が緩んでしまうこともあったので、リビングへ移動して、家族から見える位置で勉強することにしました。そうすると、集中することができたので、大学に入ってからもその習慣を続けています。

【外国語を学ぶきっかけ】

　サッカー観戦が好きで、テレビの試合中継もよく見ていたので、そのときに通訳なしで外国語の解説を聞けたらいいな、と思ったのが英語以外の外国語を学ぼうとしたきっかけです。どの高校を受験するか決めるときも、英語以外の外国語を学べるかどうかを基準に志望校を選びました。

　私が入学した高校で学べるのはドイツ語、フランス語、中国語の３言語でした。そのなかでも、ドイツ語を学ぼうと決めたのは、ドイツという国のいいところを周りから聞いていたり、３言語のなかで自分に１番合いそうな言語だと感じたからです。

【受験生へのメッセージ】

　高校でやりたいことが明確に決まっている人はもちろん、まだやりたいことが決まっていない人も、これからやりたいことを見つけてそれを実現できそうな高校を探してみてください。そうすればきっと楽しい高校生活が送れるはずです。

ミステリーハンターQの
歴男歴女養成講座

春日 静
中学1年生。カバンのなかにはつねに、読みかけの歴史小説が入っている根っからの歴女。あこがれは坂本龍馬。特技は年号の暗記のための語呂合わせを作ること。好きな芸能人は福山雅治。

山本 勇
中学3年生。幼稚園のころにテレビの大河ドラマを見て、歴史にはまる。将来は大河ドラマに出たいと思っている。あこがれは織田信長。最近のマイブームは仏像鑑賞。好きな芸能人はみうらじゅん。

ミステリーハンターQ（略してMQ）
米テキサス州出身。某有名エジプト学者の弟子。1980年代より気鋭の考古学者として注目されつつあるが本名はだれも知らない。日本の歴史について探る画期的な著書『歴史を掘る』の発刊準備を進めている。

享保の改革

今月号から3号連続で江戸の三大改革について取り上げる。最初の今回は徳川吉宗による「享保の改革」だ。

勇 江戸時代には三大改革というのがあったんだって?

MQ 享保の改革、寛政の改革、天保の改革だね。

静 それぞれどんな改革だったの?

MQ では、これから3号かけて江戸の三大改革を勉強しよう。今月号は、享保の改革について説明するよ。享保の改革は、8代将軍、徳川吉宗によって行われた。おもに享保年間に行われたから、1716年から20年間ぐらいだ。

勇 幕府は改革しなきゃいけないような状態だったの?

MQ 徳川幕府が始まって約100年、幕府財政が苦しくなり、何回か飢饉《ききん》もあったんだ。改革を政治経済的面と社会的面に分けてみるとわかりやすいかもしれない。

静 じゃあ、まず、政治経済的にはどういう改革だったの?

MQ 倹約、増税、財政再建を目標にした。庶民には質素、倹約を義務づけ、豊作や凶作に関係なく、一定の租税を納めることを決めた定免法《じょうめんほう》を採用、税収の安定化を図った。さらには新田開発や、サツマイモの栽培などを奨励して、飢饉に備えたりしたんだ。

勇 定免法は豊作のときはいいけど、凶作になると、農民は大変だね。

MQ また、足高《たしだか》の制といって、旗本などで役職に就いた武士には、従来の俸給とは別に役職の手当を支給して、幕府官僚制度を整備、役人にやる気を出させた。さらには公事方《くじがた》御定書《おさだめがき》を制定して刑事裁判の基準を示したりもしたんだ。いまで言えば判例集だね。

静 各大名は無関係だったの?

MQ 上米《あげまい》の制といって、各藩1万石につき100石を幕府に献上させ、旗本や御家人の窮乏の助けにした。そのかわり、参勤交代の期間を半減したんだ。

勇 社会的にはどんな改革だったの?

MQ 目安箱を江戸の町に設置して、庶民が直接、幕府に意見を言う制度を設け、相対済令《あいたいすましれい》といって、金銭貸借に関するもめごとは当事者間で解決するように決めた。いまで言えば示談だね。これによって刑事裁判を迅速に行えるようにしたんだ。

静 色々と頑張ったのね。

MQ 幕府財政の健全化を図り、米価などの物価の安定をめざしたけど、大飢饉が起こり、貨幣の質を落とさざるをえなくなったりして、改革は必ずしもうまくいったとはいえなかったんだ。

あれも日本語 これも日本語

NIHONGO column no.53

鉄砲にちなむ慣用句

今回は鉄砲にちなむ慣用句を見てみよう。

「下手な鉄砲」は「下手な鉄砲も数撃ちゃあたる」の略で、下手でもたくさん撃てば、まぐれあたりがある、ということから、何回も試せば成功することもあるというたとえ。

「闇夜の鉄砲」は暗闇でなにも見えていないのに、やみくもに鉄砲を撃つこと。転じて成功のあてがないのに行動に出ることを言う。

「ハトが豆鉄砲」。豆鉄砲とは小さな豆を弾丸にしたおもちゃの鉄砲。ハトはもともとまん丸のかわいい目をしているが、そのハトが豆鉄砲を食らわされたような、目をさらにまん丸にして驚いた様子のことだ。「どうした、ハトが豆鉄砲を食らったような顔をして」などと使う。

「鉄砲水」は豪雨で山崩が起こるなどして、せき止められた水が一気に流れ落ちること。鉄砲のように勢いがいいのでつけられたネーミングだけど、恐ろしい災害をもたらすんだ。似た言葉に「鉄砲雨」がある。いまでいうゲリラ豪雨だね。

「鉄砲玉」は文字通り、鉄砲の弾丸のことだけど、鉄砲玉は銃から発射されたら戻らないことから、いったん家を出たら帰って来ない人にたとえて使うんだ。「あいつは鉄砲玉だから、いつ帰るかわからない」などと使う。

「肘《ひじ》鉄砲」は肘で相手の腹などを強く突くことだけど、そこから、相手の要求などを激しくはねつけることを指すようになった。「協力を依頼したけど、肘鉄砲を食った」などと言う。

「火ぶた」は火縄銃の一部で、火皿を覆う部分、これをはずすことを「火ぶたを切る」といい、はずして点火して、弾丸を発射するので、戦端を開く意味で使われる。似た言葉に「引き金を引く」がある。これも戦争を始めるという意味だ。「引き金」は英語で「トリガー」といい、「きっかけ」という意味もあることから、「引き金を引く」も同じように使われることもある。

関西ではフグのことを「鉄砲」ということがある。フグには毒があり、あたることもあるからなんだ。フグ汁は「鉄砲汁」、ふぐのちり鍋を「鉄砲ちり鍋」、略して「てっちり」というんだ。鉄砲にちなむ言葉もいろいろな方面で使われているね。

あたまをよくする健康

今月のテーマ

疲れ目

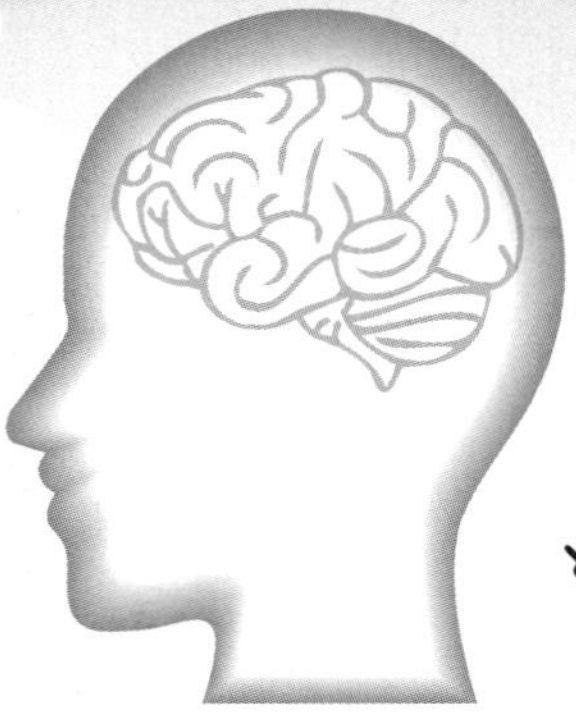

ナースであり
ママであり
いつも元気な
FUMIYOが
みなさんを
元気にします！

by FUMIYO

ハロー！　Fumiyoです。最近目の疲れを感じたことはありますか？　例えば夜遅くまで勉強しているとき、読書をしているとき、ゲームに夢中になっているとき、パソコンに向かっているとき…など、普段目を使っているシーンが思い浮かびますね。

疲れた目を回復させ、翌日すっきりした１日を始めるためには、どんなことをすればいいのでしょうか？　また、「疲れ目」とはいったいどこが疲れていることなのでしょうか？

眼球は６本の外眼筋に支えられており、外眼筋を使って目を動かしています。そのため、１つのところをずっと見続けていると、外眼筋が疲労してしまいます。

そして、カメラのレンズのような働きをしているのが水晶体、水晶体の厚さを調節し、ピントを合わせる手助けをしているのが毛様体筋です。ずっと近くを見ていたのに、急に遠くを見ようとすると、遠くの風景がぼやけて見えてしまうことはありませんか？　それは、毛様体筋が疲労し、固まってしまって、うまくピントが調節できなくなってしまったのです。

このように外眼筋や毛様体筋などの目の筋肉の疲れが疲れ目の原因です。疲れた目を回復させるためのポイントをいくつか紹介しますので、ぜひ試してみてください。

①目のまわりの血行をよくして、筋肉をほぐしましょう。温かい蒸しタオルを使ってもいいですし、最近は手軽に使える目専用のホットパックがドラッグストアなどで購入できますね。ヤケドには注意が必要ですが、ホットパックのなかにはリラックスできる香りつきのものもあるので、上手に活用してリラックスしましょう。また、目が充血しているときは、冷パックを使うと効果がありますが、それでも充血が続く場合には、早めに病院で受診をしましょう。

②目の周りをマッサージしましょう。目頭の方から目尻にかけて「痛いけど気持ちいい」くらいの力でゆっくり押し、少しずつ目尻にずらしていきます。気持ちいい力加減や指の押さえ方など、色々と試してみましょう。

③目の運動をしましょう。目の筋肉は使わないとだんだん動かなくなってしまいます。オススメは、目をぎゅーっとつぶり、ゆっくり開ける動作を何度か繰り返したあと、眼球をゆっくり回すこと。眼球を回すのが難しいと感じる人は、まず上を見て、次は右→下→左→上と順番に眼球を動かしていきましょう。

ひと晩眠り、目を休めることで症状が改善される多くの場合は「疲れ目」が原因です。しっかり休息をとって、上記のような回復法を実践しても、目の痛みや肩こりなどが残っている場合は「眼精疲労」かもしれません。疲れ目をそのままにしていると、眼精疲労に進んでしまうとも言われています。眼精疲労が続くと肩こりや頭痛、不眠のほかに自律神経系に影響を及ぼし、不安感や抑うつ状態を引き起こすことも…。注意したいですね。

とくに受験生のみなさんは、目の疲労を感じても、夜遅くまで勉強を続けることも多いと思います。目の疲れを感じたときは、寝る前にホットパックやマッサージをして目をリラックスさせることを心がけてください。そして、目の疲れを翌日に残さないようにしましょう。

Q1

疲れ目の原因ではないものは次のうちどれでしょう?

①眼鏡などの不具合　②睡眠過多　③ドライアイ

正解は、②の睡眠過多です。
人は寝ているときに目の疲れを回復しています。寝ても目の疲れがとれない場合は、一度病院で診てもらいましょう。

Q2

眼精疲労を英語で言うと?

①eyestrain　②eyepain　③eyetired

正解は、①のeyestrainです。
「目のストレス」という意味で、覚えやすいですね。

SUCCESS NEWS

サクニュー!! ニュースを入手しろ!!

産経新聞編集委員
大野 敏明

今月のキーワード
富岡製糸場

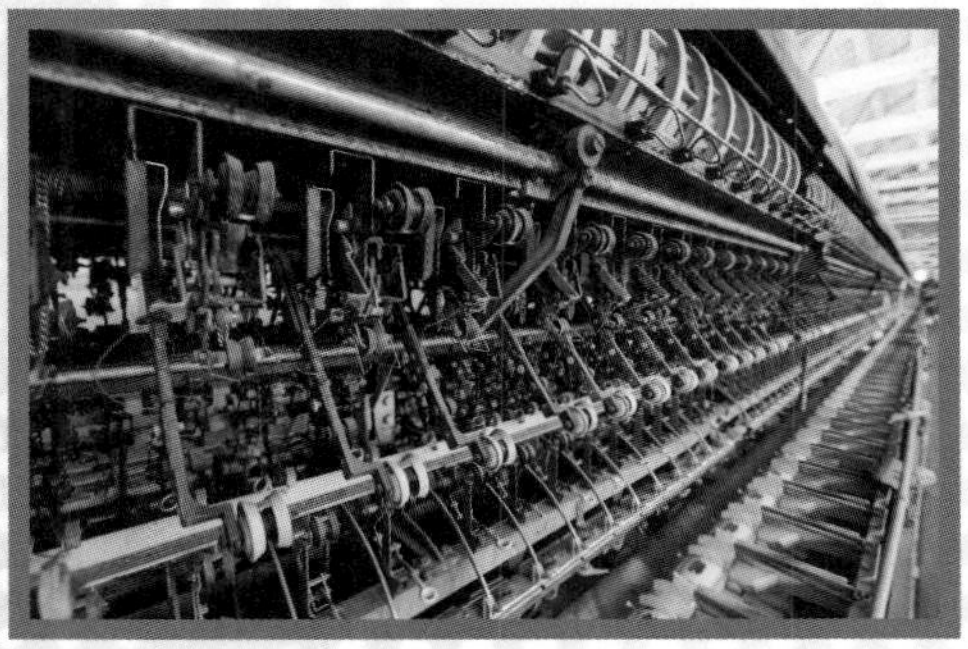

◀**PHOTO** 富岡製糸場の自動繰糸機(群馬県富岡市)写真:時事

群馬県富岡市などの「富岡製糸場と絹産業遺産群」が、国連の教育科学文化機関（ユネスコ）の世界文化遺産に登録されることが確実になりました。世界遺産への登録の可否を決める「国際記念物遺跡会議」（イコモス）が「登録が適当」との勧告を出したためで、6月中旬に中東のカタールの首都、ドーハで開かれるユネスコの世界遺産委員会で最終的に決定される見通しです。

日本にはすでに13の文化遺産と４つの自然遺産の合わせて17の世界遺産がありますが、昨年の「富士山」に次いで２年連続、18番目の世界遺産登録となります。

富岡製糸場は1872年（明治５年）、富岡市に設立された日本で最初の官立の機械製糸工場です。西欧から導入した最新技術で、国内の製糸業を世界最高水準に引きあげ、戦前の日本の輸出産業を担い、外貨の獲得に大いに貢献しました。1939年（昭和14年）からは民営となり、1987年（昭和62年）に操業を停止、2005年（平成17年）から富岡市が管理しています。

製糸場以外では、近代養蚕農家の原型となった農家や蚕の卵の貯蔵施設なども「絹産業遺産群」として登録の対象になっています。

今回の勧告についてイコモスは、①伝統的な生糸生産から急速に大量生産方式に到達したこと②養蚕と生糸産業の革新に決定的な役割を果たし、日本が近代工業国家の仲間入りするカギとなった③資産の管理などが十分になされていること、などをあげています。

群馬県では、2003年（平成15年）に世界遺産登録に向けたプロジェクトを発足させ、2007年（平成19年）に政府がユネスコの暫定リストに記載、昨年1月、政府はユネスコに正式な推薦書を提出しました。これに基づいて、イコモスが昨年９月、現地調査を行い、今回の登録勧告となりました。きわめてスピーディーな勧告で、地元は大喜びです。

世界遺産登録が確実になったことで、ゴールデンウィークや土日には、製糸場に多くの観光客が訪れています。登録が決まれば、国内だけでなく、海外からも多くの見学者が訪れると思われます。このため、県や市は今後の受け入れ体制の整備などにおおわらわです。

なお、現在、新潟県の佐渡鉱山、滋賀県の彦根城、大阪府の百舌鳥《もず》・古市《ふるいち》古墳群、長崎県や熊本県のキリスト教教会群などが、世界遺産候補として、政府の暫定リストにあがっています。

今月の1冊

サクセス書評

7月号

『スリー・カップス・オブ・ティー 1杯目はよそ者、2杯目はお客、3杯目は家族』

先入観を乗り越えて 不可能を可能にした男の実話

◆『スリー・カップス・オブ・ティー
1杯目はよそ者、2杯目はお客、3杯目は家族』

著／グレッグ・モーテンソン、
　　ディヴィッド・オリヴァー・レーリン
訳／藤村 奈緒美
刊行／サンクチュアリ出版
価格／1900円＋税

1993年9月2日。1人のアメリカ人登山家が、パキスタンのカラコルム山脈で遭難し、危うく命を失いそうになった。

偶然たどり着いた山の上の小さく貧しい村で命を救われたことから、このアメリカ人、グレッグ・モーテンソンの運命が大きく動き始める。

村長のハジ・アリ一家のもとで少しずつ体力を取り戻したグレッグは、文明からは距離があり、環境は厳しいが、人々は優しく、貧しくもつつましく暮らしているコルフェ村に足りないものを見つける。それは「学校」だった。

学校らしきものはあったが、きちんとした建物もなく、とても学校と言えるものではなかったのだ。

命を救ってくれた彼らへの恩返しとして、グレッグはコルフェ村に学校を建てることを約束してアメリカに戻るのだが、ここからが大変な道のりだった…。

ここまでのあらすじでも小説のようだが、ここからはもっと作り話のよう。でも、これは実話なんだ。お金もなく、ツテもない主人公が、遠くアメリカからパキスタンの地にどうやって学校を建てていったのか。人種も風習も宗教もなにもかもが違うのに、グレッグは果敢に立ち向かっていく。

そのさなかの2001年には、あのニューヨーク同時多発テロも起こってしまう。当時パキスタンにいたグレッグは、それでもパキスタンの人たち（彼らはほとんどがイスラム教徒だ）のために学校を建てるのをやめなかった。

そして、彼の周りのパキスタン人の多くも、アメリカ人の彼を追い出そうとしたりはしなかった。それどころか必死になって守ってくれた。

どうして彼らはこんな関係を築くことができたんだろうか。そのヒントはこの本のなかにある。500ページを超える分厚い本だけれど、読み始めればきっとどんどん先が読みたくなっていくはず。

ますます進むグローバル社会のなかで、異文化の人たちとどう接していけばいいのか。そんなヒントも詰まっている1冊だ。

サクセスシネマ
SUCCESS CINEMA vol.53

宇宙に飛び出せ！

アポロ13

1995年／アメリカ
監督:ロン・ハワード
『アポロ13』
Blu-ray発売中
1,886円＋税
発売元:NBCユニバーサル・エンターテイメント

船長が語る宇宙事故の真実

人類が初めて月に降り立ったのは1969年のことです。「アポロ11号」から送られてくるその映像は、テレビでライブ中継され、世界中を興奮の渦に巻き込みました。翌年、今度はジム・ラヴェル船長を中心とするチームが月をめざしました。本作は、この「アポロ13号」に乗り込んだクルーたちが宇宙で実際に経験した予測不能なアクシデントや、生死を分ける局面に立たされた人間の心理状態を描いた衝撃のトゥルーストーリー。原作はラヴェル船長本人によるものです。

出発前から風疹感染の疑いにより操縦士の１人が交代するというハプニングに見舞われましたが、予備チームのジャック・スワイガードが搭乗することになり、アポロ13号は無事に宇宙へ飛び立ちます。しかし、月面到着まであとわずかと迫ったとき、なんと酸素タンクが爆発。宇宙という異次元空間で、重大なアクシデントが次から次へと発生し、クルーと地上スタッフたちの生死をかけた壮絶な闘いが始まります。

クルーたちは地球へ帰り着くことができるのか、最後まで目が離せません。

宇宙兄弟

2012年／日本
監督:森義隆
『宇宙兄弟　Blu-ray　スタンダード･エディション』
Blu-ray発売中
3,800円＋税
発売元:講談社
販売元:東宝

宇宙への夢が詰まった作品

幼いころにUFOを目撃し、「２人でいっしょに宇宙に行こう！」と約束した六太（ムッタ）と日々人（ヒビト）の兄弟。そんな２人の夢ときずなが描かれた物語。原作は、小山宙哉のコミックです。

約束から19年後、夢を叶え宇宙飛行士になったヒビトに対して、夢を途中で諦めた兄のムッタ。そんなムッタの元に宇宙飛行士選抜試験の書類選考通過の知らせが届きます。それは兄を想うヒビトが内緒で応募したものでした。それをきっかけにムッタは再び夢を追いかけ始めます。しかし、月面着陸を果たしたヒビトの探査機が消息不明に…。兄は月を見上げ弟を案じます。

幼いころの夢を忘れない２人の姿と、それぞれを想う兄弟のきずなに心が温まり勇気づけられます。

また、迫力のロケット打ちあげシーン、オープニングでフラッシュバックされる人類の宇宙開発の歴史など、宇宙への魅力がいっぱい詰まっています。『アポロ13』でラヴェル船長を演じたトム・ハンクスの名ポーズが引用されるなど、宇宙映画ならではの演出も楽しめます。

はやぶさ 遥かなる帰還

2012年／日本
監督:瀧本智行
『はやぶさ　遥かなる帰還』
DVD発売中
3,800円＋税
発売元:東映ビデオ
販売元:東映

日本人の夢とともに宇宙へ

2003年に打ちあげられた「はやぶさ」はイトカワと名づけられた小惑星に自律飛行で近づき、その表面からサンプルを持ち帰るという世界初の試みを成し遂げた小惑星探査機です。本作は、この「はやぶさ」に心血を注いだプロジェクトスタッフの情熱を描いた感動の物語です。

2005年、「はやぶさ」は順調にミッションをクリアしていましたが、サンプルリターンという最大の任務を残し、燃料漏れなどのトラブルに見舞われます。これらの危機に、冷静沈着なプロジェクトリーダー・山口駿一郎をはじめとしたチームが一丸となって対処し、「はやぶさ」の帰還をサポートします。

周知のように、サンプルが入ったカプセルは、オーストラリアのウーメラ砂漠に着陸しました。その朗報を聞き、静かに喜びをかみしめるプロジェクトスタッフの姿に心を打たれます。そして、どんな困難が起こっても決して諦めない強さを彼らから学ぶことができます。「はやぶさ」を題材とした映画は、ほかにも同時期に２作品公開され、大手配給３社による競作で、話題となりました。

なんとなく得した気分になる話

生徒　先生

身の回りにある、知っていると
勉強の役に立つかもしれない知識をお届け!!

目覚まし時計

今日は危うく学校に遅刻しそうになったんだ。

それは危なかったね。目覚まし時計はかけてないの？

３個かけてる。

３個？

うん。１個目は枕元、２個目は勉強机、３個目は手の届かない床。

すごいな。そんなにキミは朝、起きられないんだね。

先生は朝、起きられるの？

教師という職業は、遅刻が許されないからね。先生ぐらいになると、まず、朝は目覚ましなしで起きられるぞ。

昔から？

いや、若いころ、とくに教員になりたてのころは、遅刻しそうな不安から目覚まし時計を2個かけてたな（笑）。2個である理由は、キミと違って、起きられないからではなく、電池が切れたときを考えてのことだったんだよね。

いまも2個？

いまは１個だよ。そういえば、キミの目覚ましはどんな時計？

１個がベル音、ほかの２個は電子音。結構うるさいぐらいの大きい音がするんだ。

それでも起きないの？

ギリギリ３個目でやっと起きられる感じかな。先生の目覚まし時計は？

私のは、１個は学校のチャイムの音（笑）。もう１つはベルだけど、きれいな音楽になっているタイプだ。

そんな音で起きられる先生はすごい！

すごくないよ。目覚まし時計といえば、昔から目覚ましなんだから、音で起こすものなんだ。紀元前500年（いまから約2500年前）には、プラトンの水時計というのがあって、容器に夜から水を入れ始めて、朝に満水になると同時に銅球がたらいに落ちて音がするというものだったそうだ。きっと、たらいといっても、あの金属製のたらいだろうから、結構な音がする気がするよ。先生としては、銅球の代わりに柔らかめのボールにしてもらって、それが寝ている自分に落ちてくる方がいい目覚ましになると思うんだけどね。

それ、怖い！　当たりどころが悪かったら危ない気がするんだけど…。

だから、絶対起きる！

今日の先生はずいぶん過激だなあ…。

そうそう、日本の目覚まし時計の古いものは、ベルタイプだったようだ。これは、昔の日本は、お寺の鐘の音が時刻を知らせていた名残だと思うんだよな〜。

よく時代劇に出てくる子の刻（ねのこく）とか、丑三つ（うしみつ）とかいうやつ？

そうだ。昔は1日を2時間ずつに分けた十二時辰（じゅうにじしん）と言う時刻を使ってたらしい。丑三つは午前2時半くらいだったかな。

へえ。不便だね。

いや、不便ではない。昔は日が昇ると起きて仕事をし、日が暮れると風呂に入って寝ていた。すべては御天道様（おてんとうさま）が時間を決めてくれていたわけだからね。自然な生き方だったわけだよ。いまは、“time is money”だから、決められた時間によって私たちは動かなければいけない。

“time is money”。つまり「時は金なり」。

キミ賢いね！

「地獄の沙汰も金次第」だしね。

いよ！　座布団１枚！

大喜利みたいだ…。

高校受験 ここが知りたい Q&A

Q 始める時期や取り組み方など過去問について色々教えてください。

高校受験では志望校の過去問を絶対にやっておいた方がいいと聞きました。しかし、いつごろから開始すればいいのか、また、何年ぶんくらいやった方がいいのかわかりません。過去問について詳しく教えてください。

（中野区・中３・KS）

A 過去問を始める時期は夏休み前後、分量は過去５年ぶんがおすすめです。

過去出題問題は、その学校の出題傾向を知り、自分の弱点を自覚するためにも、ぜひやっておきたいものです。問題に慣れることもできますし、仕上げの勉強になにが必要か、ポイントをつかむことにも役立ちます。過去問は、私立・国立であれば学校別に編集されたものが市販されていますし、公立も都県ごとに数年ぶんの問題が冊子となったものが刊行されています。

さて、過去問にいつから取り組むかですが、個人差はあるものの、大体夏休み前後に始める場合が多いのではないでしょうか。というのも、とくに数学などでは、中学校課程の全範囲の学習を終えてからの方が入試問題に取り組みやすいからです。塾などで、中３までの学習が終わった段階で着手してみてはどうでしょうか。国語や英語は学習範囲があまり関係しないので、早めに挑戦してみてもいいと思います。

次に過去何年ぶんを解くかですが、第１志望校は可能であれば５年ぶんは解くことをおすすめします。解く順序は最新年度のものは最後にとっておき、２年前から順にさかのぼるといいでしょう。最新年度のものはすべて解き終えたあとの最終的な総まとめとして解いてみましょう。また、可能であれば併願校についても２～３年ぶんはあたっておきましょう。出題傾向を知ることは非常に大切ですので、少なくとも１年ぶんはやっておくといいでしょう。

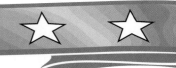

Success Ranking

FIFA（国際サッカー連盟）世界ランキング

今年は４年に１度のFIFA（国際サッカー連盟）ワールドカップが開催される。FIFAの世界ランキングでは日本や、日本と同じグループリーグの国（太字）は何位なのか。今回は合わせて女子のランキングも紹介しよう。こちらは先日行われたAFC女子アジアカップで日本と対戦した国（太字）もピックアップ。

FIFA世界ランキング・男子

順位	国名	ポイント
1	スペイン	1460
2	ドイツ	1340
3	ポルトガル	1245
4	ブラジル	1210
5	**コロンビア**	1186
6	ウルグアイ	1181
7	アルゼンチン	1178
8	スイス	1161
9	イタリア	1115
10	**ギリシャ**	1082
11	イングランド	1043
12	ベルギー	1039
13	チリ	1037
14	アメリカ合衆国	1015
15	オランダ	967
16	フランス	935
17	ウクライナ	913
18	ロシア	903
19	メキシコ	877
20	クロアチア	871
21	**コートジボワール**	830
47	**日本**	613

※ランキングは5/8現在のもの

FIFA世界ランキング・女子

順位	国名	ポイント
1	アメリカ合衆国	2197
2	ドイツ	2173
3	**日本**	2076
4	フランス	2051
5	スウェーデン	2016
6	ブラジル	2006
7	カナダ	1971
8	イングランド	1956
9	北朝鮮	1954
10	ノルウェー	1949
11	**オーストラリア**	1945
12	イタリア	1880
13	デンマーク	1877
14	オランダ	1852
15	スペイン	1844
16	**中国**	1843
16	アイスランド	1843
18	韓国	1833
19	スコットランド	1818
28	**ベトナム**	1664
54	**ヨルダン**	1415

※ランキングは3/28現在のもの

Educational Column

15歳の考現学

進路選択に影響する
「教育費用の格差」をなくすために
私立学校も無償にするべきときがきている

私立 INSIDE

私立高校受験

2015年度
首都圏私立高校入試
変更点

公立 CLOSE UP

公立高校受検

2014年度
東京都立高校入試結果

BASIC LECTURE

高校入試の基礎知識

具体的に学校選びを
進めるために

受験情報

東　京
2015年度都立高校入試日程が決定

東京都立高校の2015年度入試日程が発表された。ただ、「学力検査に基づく選抜」の第１次募集および分割前期募集の合格発表日と、同第２次募集および分割後期募集の日程は、本誌締め切りに間に合わなかった。これは、今春多くの都立高校で採点ミスが発覚し、採点期間の延長についての結論が出ていないため。

◆推薦に基づく選抜
◇**入学願書受付日**（いずれも2015年）
1月21日（水）
◇**実施日**　1月26日（月）・27日（火）
◇**合格発表日**　2月2日（月）

◆学力検査に基づく選抜
◇**入学願書受付日**　2月5日(木)・6日(金)
◇**実施日**　2月24日（火）
◇**合格発表日**（後日公表）

東　京
都立青山が進学指導重点校を継続

東京都教育委員会は、進学指導重点校のうち、「進学指導重点校として満たすべき水準に達していない」と、２年間（2013～2014年度）の暫定指定としていた青山について、顕著な実績向上が見られたため、2017年度までの指定を継続することを決めた。

その他の６校（日比谷、戸山、西、八王子東、国立、立川）は、すでに2017年度までの指定を受けている。

このほか、今年度（2014年度）の英語教育重点校として、日比谷、深川、西、国際、飛鳥、千早、小平の都立高校７校と、小石川、三鷹、立川国際の中等教育学校３校を指定した。英語授業の改革に向けた先進的取り組みや、学校独自の特色ある取り組みを実施する。

15歳の考現学

進路選択に影響する「教育費用の格差」をなくすために
私立学校も無償にするべきときがきている

教育費用を社会が支える その必要性が叫ばれ始めた

　前回お話しした授業料免除制度についてもう少し考えてみます。というのも『教育を家族だけに任せない』（大岡頼光著、勁草書房刊）という本を読む機会を得たからです。

　日本の教育は、ほぼ家計を主にしてまかなわれています。そもそも日本の教育予算の、国内生産に占める割合は先進国中最低、と言われています。逆に言えば日本の教育は先進国のなかで、最も家計によって担われているのだ、と考えてください。

　前述の本によると、教育費負担を家族から社会に移そうと試みている代表としてスウェーデンがあるそうです。日本の対極にある動きと言っていいでしょう。

　この意味や文脈を考えるとき、介護問題との類似がすぐ思い浮かぶと思います。介護は、ついひと昔前どころか、かなり近い過去まで「家の問題」でした。社会的介護の形態が今日の状況になってまだ一世代の期間も経ていません。

　介護がいまのように社会で支えられていなければ、今日の多くの家族が、現状の生活の質を維持できていたかどうか。

　ＮＨＫの番組や本などで「無縁社会」として紹介されたように、それでもなお、わが国はいつのまにか地域や家族に縁のない老人が相当の規模にまでふくらんでいます。社会的介護になってさえこうなのですから、この流れを止めることはできなかったというべきでしょう。

　同じく家族の崩壊は、家計で支えてきた教育を直撃します。

　母子家庭の年収は、全世帯の平均所得５５０万に対して、２６３万と半分以下となっており、具体的には１５０万から３００万に多く集中しているそうです（同書２２５ページ）。すると家計に教育を任せておくと、義務教育期間はともかく、ほぼ全員が進学している高校では、費用の高い私立高校の選択は、こうした家族にはできなくなります。

　一方で、大学教育を受けた場合と、高校までの教育しか受けなかった場合とでは英米ほどではないにせよ給与差があり、国際分業が進む現在では低賃金の仕事自体が海外にシフトして就業機会自体が少なくなる

森上《もりがみ》　展安《のぶやす》

森上教育研究所所長。1953年、岡山県生まれ。早稲田大学卒業。進学塾経営などを経て、1987年に「森上教育研究所」を設立。「受験」をキーワードに幅広く教育問題をあつかう。近著に『教育時論』（英潮社）や『入りやすくてお得な学校』『中学受験図鑑』（ともにダイヤモンド社）などがある。

傾向にあります。つまり、いまの日本の若者にとって必要なことは、付加価値の高い仕事に就く能力を大学に進学することで身につけることです。またそうした人材を作り出さないことには今日のような豊かな社会は維持できないことも事実です。

大学進学に有利な高校こそ費用での格差をなくすべき

さて、そうであれば大学進学に有利な高校に費用の高い敷居を設けず、能力があれば公立同様無償で進学できる、ということでなければいけませんね。機会の平等の実現です。なぜなら大学進学には高校進学が前提になるからです。

民主党政権で高校無償化が措置されましたが、これは公立高校の無償化で、私立高校との教育費負担格差はそれ以前では公立1対私立4であったものが、公立0対私立3になった、という結果を生みました。（同書）。その後、現在の自民党政権からは、年収制限を設けて910万までの家族を対象に高校無償化を実施することや、学校教材費など必要経費の給付、さらには、自治体による独自の軽減措置によって、年収590万未満の中所得世帯までは公私格差が大きく減少する地域も出てきたようです（同書執筆の昨年末時点では政策の方向性のみ確認されている）。少なくとも年収350万未満の世帯ではこれまでにない小さい格差か、関西地域のようにすでにまったく解消されたかいずれかの状況になっているのではないでしょうか。

ここで行われようとしていることは、確かに社会で教育を支えよう、ということですが、同書も指摘しているように、では910万を超えたか超えないかで、授業料負担が大きく違うことになる私立高校進学者のいる家族にとっては、複雑な気持ちかもしれません。もっといえば、難関私立に進学するのにかける塾などへの費用に700万～910万の世帯は浮いた経費を回せますから、そこはどう考えるべきか、ということにもなります。

この本の著者の主張は本の題名の通り、高校進学の完全無償化を実現し、公私間格差をなくせ、というものです。その参考としてスウェーデンの近年の高校無償化による平等化政策の実情を報告しています。

一方で、当面の施策として低年収世帯の完全無償化実現の妥当性も論じています。

現実に引き戻せば、公私格差が依然として大きい東京圏の場合に、低年収世帯に生まれた意志も能力もある中学生にいかに私立高校への進路保障ができるか、ということ、それが教育政策の1つの課題となって浮かびあがります。

筆者が身近に経験した例は、私立小・私立中と進学した子どもの親が私立中学時代に離婚をして、その一貫校の高校に進学するのを断念し、都立高校に入り、このたび、めでたく早稲田大、慶應義塾大に合格した、というものです。

これは知人の私立小学校の校長から直接筆者に相談があり「その母子の進学、具体的には高校受験の相談に乗ってほしい」との要請を受けたことから始まりました。私立中学では、さすがに受験前提で過ごしていないため、受験準備の塾の費用が必要だったのですがそれは難しい。また、私立高校へは成績特待を受けるだけの成績をとれていないために進めず、2～3番手の都立に進学せざるをえない、という事情でした。そこでボランタリーで学習を助言するアドバイザーをご紹介し、その子は独学で都立高校に進学していった、ということがありました。

都立高校での学びも、小学校から私立に通い中学に進学していた生徒ですので学力や学習習慣がついていたということが、高校から転校してもその生徒を支えた、ということが想像できます。

さて、家計急変時の対応として多くの私立学校は、その後の授業料を支援する制度があって、それは学校の中途までは可能でも、中学から高校という境では機能しなかったのでしょうか。確認できていないのでなんとも言えませんが、中高一貫の考え方が強い学園なら支援がなされ継続できたかもしれません。

さて、前述した本の表題通り『教育を家庭だけに任せない』というタイトルの前提は、じつは「教育は家庭が担う」という家庭の強い教育への思いです。確かに社会で教育を担う方向性が具体的に費用の面で必要になってきていることは避けようもない事実でしょう。

一方で、国や社会というもののあり方と一線を画して、家族としての教育観、学校観も同時に協力してつくりあげていくものだと思います。そうした家族の自律が、どのように制度が移ろうとも大切だ、と考えます。

2015年度 首都圏私立高校 入試変更点

首都圏の私立高校ではいくつかの学校で、来年度（2015年度）から大きな改革、変更を実施する学校がある。今回は、これまでに変更点を公表している点についてまとめてみた。学校名の変更とともに共学化するなど、大きな変化をみせている学校には注目していく必要がある。

（協力　安田教育研究所）

東京

●高校募集再開

かえつ有明　男女80名を募集。

●共学化＋校名変更

京北　男子校→共学校。京北→**東洋大学京北**（文京区白山に移転）。

戸板女子　女子校→共学校。戸板女子→**三田国際学園**。

※戸板女子中高は、来年度から「三田国際学園中学校・高等学校」と校名を変更し、中学・高校募集とも共学とする。

中高一貫の「インターナショナルコース」を設け、英語のシャワーを浴びる「イマージョン教育」を導入する。三田国際学園の「イマージョン教育」とは、クラスにネイティブの副担任を常駐させ、休み時間やランチタイム時も生徒とともに過ごす。社会や理科などの授業もチームティーチングで行い、教科の日本人教員が話した内容をネイティブ教員が英語で話すことの繰り返しから、次第に授業の主導権がネイティブ教員に切り替わっていくというスタイルで自然に英語を習得させるメソッド。中1で全員が英検3級以上を取得できるレベルをめざすという。

●学科・コース改編

工学院大学附属　IB日本語DPコース（予定）、文理特進コース、医歯薬サイエンスコースに改編。

国士舘　普通科にアスリートコース新設。

桜丘　GL（グローバル・リーダーズ）クラス新設。

潤徳女子　商業科（ビジネスITコース）募集中止。

東京家政学院　特進コースを復活募集。

八王子　文理特進・文理進学・文理普通・芸術の4コース→文理特進・進学・アスリートの3コースに。そのうち進学コース内を文理選抜・文理進学・総合進学の3クラスへ分け、さらに総合進学クラス内を進学・音楽・美術の3つの系へ。

文京学院大学女子　アドバンストサイエンス、グローバルスタディーズ、スポーツサイエンスの3コース制に。

目白研心　スーパーイングリッシュコース新設。

●推薦入試中止

大成　B推薦中止・併願推薦中止。

八王子　推薦入試中止。

神奈川

●学科・コース改編

アレセイア湘南　進学特化→特進コース。

横浜創学館　科学技術科募集停止。

千葉

●学科・コース改編

芝浦工業大学柏　グローバル・サイエンスクラス、ゼネラルラーニングクラスに改編。

聖徳大学附属女子　Ⅰ類・Ⅱ類→特進コース　Ⅲ類→進学コース。

埼玉

●共学化＋校名変更

小松原　男子校→共学校。小松原→**叡明**。

●校名変更

小松原女子　小松原女子→**浦和麗明**。

●校地移転

浦和ルーテル学院　さいたま市浦和区駒場→さいたま市緑区大崎へ。

小松原　さいたま市南区南浦和→越谷市川柳（越谷レイクタウン）へ。

淑徳与野　さいたま市中央区上落合の中学校の隣接地へ。

●学科・コース改編

小松原　普通（特進選抜、特別進学、進学）、情報。

小松原女子　特進選抜、特別進学、進学、保育進学、福祉進学、ペットマネジメント、調理パティシェの5コース制に。

栄北　自動車科募集中止。

2016年以降の動き

芝浦工業大学　2017年に豊洲に移転。**芝浦工業大学豊洲**に校名変更。

新渡戸文化　2017年より高校共学募集。

法政大学第二　2016年中高同時共学化。

日本橋女学館　2018年共学化、同時に**開智日本橋学園**に校名変更。

※日本橋女学館は開智学園の系列校となり、中学校は2015年に共学化して開智日本橋学園に校名変更。高校は3年間は現状の女子校で継続、開智日本橋からの中学生が進学する2018年度から開智日本橋学園（男女共学）となる。

このほか入試変更をお考えの学校は編集部までお知らせください。

2014年度 東京都立高校 入試結果

安田教育研究所 副代表 平松 享

今年の都立高校一般入試の不合格者数は1万３２０７人。昨年更新した近年の最多記録を上回りました。不合格者は、最上位校に止まらず、中堅上位の学校から多く生まれています。また、進学指導重点校などで行われた学力検査問題のグループ作成も注目されました。

不合格者が増えている中堅上位校

不合格者増加の原因の1つに、都内の公立中学校の卒業生が、前年より約１７００人増えたことがあげられます。

東京都では、都立高校の募集人員を昨年より18学級ぶん（７２０人）増やして対応しましたが、不合格者の増加に歯止めをかけることはできませんでした。

男女合計で１５０人以上の不合格者を出した高校の数は、この４年間で、15校→19校→20校→24校と増加の一途をたどっています。

不合格者数の多い学校の上位には、これまで進学重点校やエンカレッジスクールなど、最上位の学校や特別の指定を受けた学校が多く見られましたが、今年は、**文京**をはじめ指定を受けていない中堅の学校が増えています。

昨年からの増加数が最も大きいのは、**小松川**の１０８人増で、続いて**保谷**の83人増、**上野**の82人増、**雪谷**の78人増と、中堅上位の学校が多く顔を出しています。

これらの学校の志望者は、進学実績のほかに、部活動、施設や設備、制服など、上位校とは違う学校選択をする傾向があります。そのため進路指導に加えて、生活指導のしっかりした学校も好まれました。

来春も都内の公立中を卒業する生徒の数は今年と同じくらい多くいます。不合格者数の記録が再び更新される可能性もあります。

最上位校でも募集増 受検倍率は落ち着く

今春、進学指導重点校7校の一般入試受検者数は男子が増加、女子は

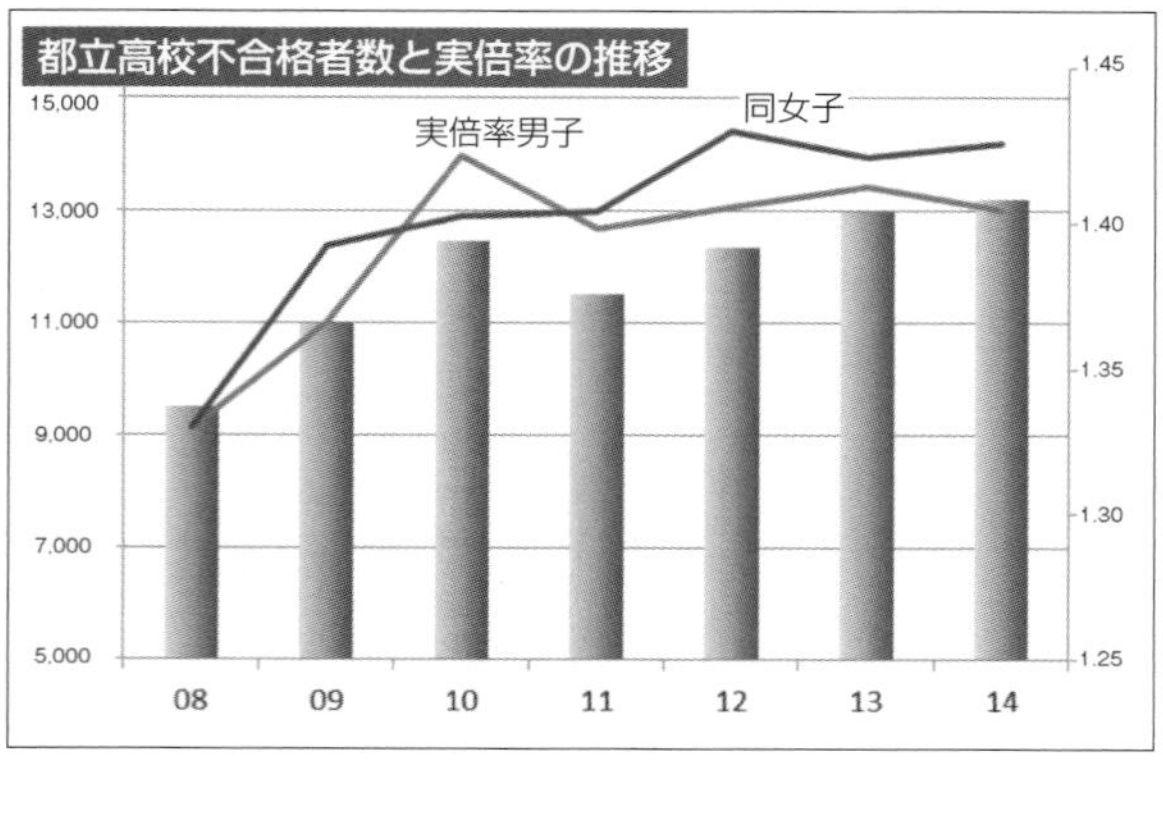

グループ A のグループ作成問題への対応

国語 大問	国語 小問	日比谷	西	戸山	青山	国立	立川	八王子東
1	(1)～(5)	漢字の読み						
2	(1)～(5)	漢字書取り						
3	問1～問5	A	B	A	A	A	A	A
4	問1～問6	A	A	A	B	A	B	B
5	問1～問5	A	B	B	B	A	A	B

数学 大問	数学 小問	日比谷	西	戸山	青山	国立	立川	八王子東
1	(1)～(5)	a c f k l	a d h j m	b e g j l	b e g j l	a c f i l	b d c j l	b d e j m
2	問1 問2 問3	差替	B	A	A	A	B	A
3	問1 問2(1) 問2(2)	A	A	B	B	A	A	A
4	問1 問2 問3	A	差替	A	A	A	B	A

英語 大問	英語 小問	日比谷	西	戸山	青山	国立	立川	八王子東
1	A	リスニングテスト（共通問題）						
	B							
2	問1～問9	差替	B	B	A	A	B	B
3	問1～問8	A	B	B	B	A	A	A

横ばいでした。しかし、実質倍率は昨年→今年で、男子…1・77倍→1・77倍、女子…1・59倍→1・53倍と伸びていません。

その原因の1つが、**戸山**と**国立**が行った学級増（臨時、40人）です。**戸山**はそれが呼び水となって、受検者を男女ともに増やしましたが、全体の倍率は落ち着きました。

進学指導重点校が学級増を行うのは、指定以降で初めてです。9学級募集と、今年学級増した2校は、来年はもとの8学級募集に戻ります。来年は、**日比谷**と**西**が募集を増やすのでは？　という噂もあります。

進学指導推進校でも、受検者数は伸びませんでした。過去3年間の倍率が、2・14倍→2・26倍→2・15倍と高倍率が続いた**新宿**は、受検者を昨年より50人以上減らしています。（64・65ページに、進学重点校と特別推進校の入試データを示しました）。

グループ作成校に警戒感生まれる

こうした動きの背景には、学力検査問題のグループ作成があります。昨年まで進学指導重点校など、国数英の問題を自校で作成していた15校が、今春の入試から、3つの学校グループごとに、ほぼ同じ問題で入試を行うことになりました。

3つとは、A…進学指導重点校（**日比谷**、**戸山**、**青山**、**西**、**八王子東**、**立川**、**国立**）、B…進学重視型単位制（**新宿**、**墨田川**、**国分寺**）、C…併設型中高一貫校（**白鷗**、**両国**、**大泉**、**富士**、**武蔵**）のことです。

グループごとに作成委員会を設け、国数英の問題をそれぞれ2セット作成。実施校は、そのなかから実際に使う問題を選びます。ただし、その一部を学校独自の問題と差し替えることも認めるというルールです（Cグループでは同一問題）。

上の表では、Aグループの各校がそれぞれどの問題を選んで出題したかをまとめました。便宜的に**国立**が選んだ問題をAとし、別の問題をBとしました。

国語は、漢字の読みと書き取りが同じ問題で、長文問題では差し替えの出題はなく、**日比谷**と**国立**、**青山**と**八王子東**がA、B選択まで同じでした。

数学は1番が計算、確率、作図などa～mから5つを選ぶ形で、2番以降は、**日比谷**と**西**が1つずつ独自問題に差し替えています。

英語は、**日比谷**だけが差し替えました。**西**と**戸山**、**立川**と**八王子東**が同一の問題でした。

進学重視型単位制グループでは、国語で、問題本文は同一だが設問は別々の問題で出題したり、数学では、同一問題でも、**墨田川**だけが、途中式や図を書くよう指示、部分点を見るなど、受検者の学力への配慮がみられました。

予想以上に共通部分の多い出題でしたが、重点校では、より上位校のレベルに合わせた問題が、単位制では標準的な問題の出題がめだちました。

一方、受検生は、志望校の過去問を練習するだけでは不安が残りました。同グループ上位校の問題出題への警戒感から、慎重な学校選択が広がったように見えます。

推薦入試の集団討論に時事問題を出題

昨年導入された「集団討論」では、進学重点校の**立川**で興味深いテーマが出題されました。

「現在、わが国は環太平洋パートナーシップ（ＴＰＰ）協定の交渉に２０１３年7月の第18回会合から参加しています。この交渉への参加に対してはさまざまな意見が出ています。ＴＰＰ協定を結ぶことによって国民の生活がどのように変わるか討論して下さい」

という問題です。

ＨＰ上に公表された受検者の得点は、２００点満点（「個人面接」点を含む）で50点から２００点まで、広く分布しました。予備知識がないと参加しにくいことや政治的な意見

都立高校 普通科一般枠 入試結果推移
進学指導重点校

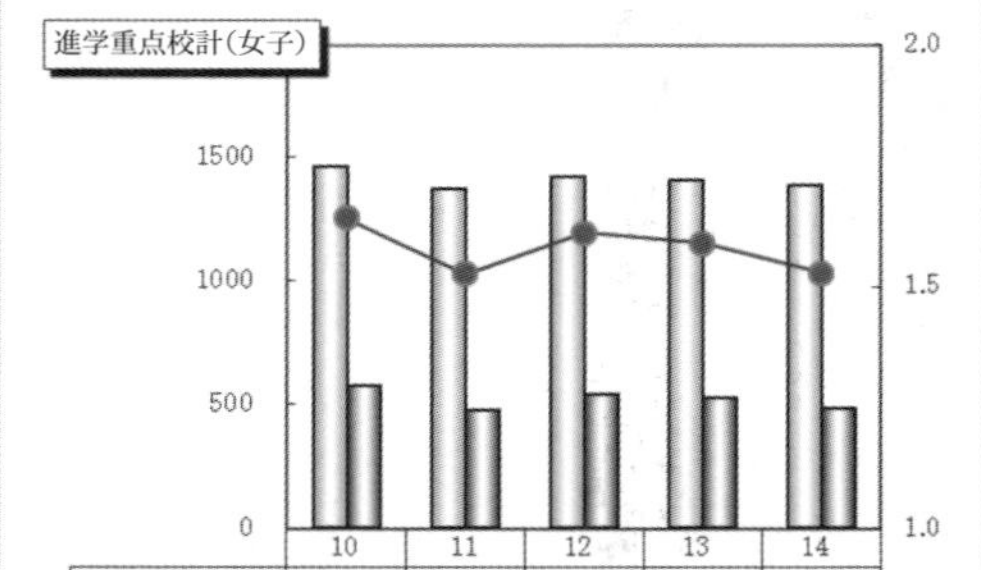

	10	11	12	13	14
受験者数	1455	1366	1413	1399	1383
不合格数	569	471	536	519	478
実質倍率	1.64	1.53	1.61	1.59	1.53

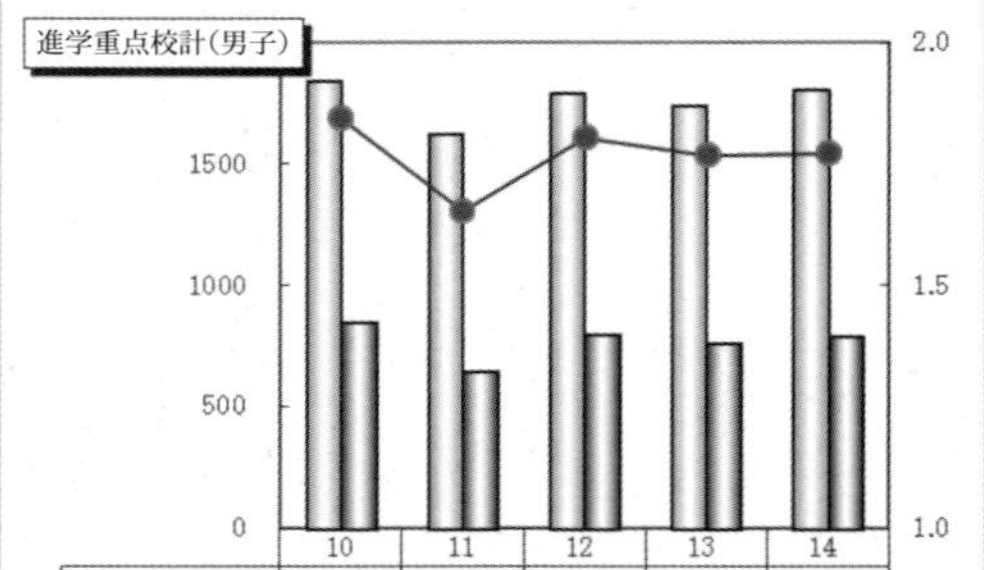

	10	11	12	13	14
受験者数	1844	1628	1793	1743	1804
不合格数	845	643	800	757	786
実質倍率	1.85	1.65	1.81	1.77	1.77

の表明など、賛否が分かれる内容ですが、同校では、来年度以降も時事的なテーマを扱うとしています。

進学指導重点校では社会、理科の学習にも配慮が必要なようです。

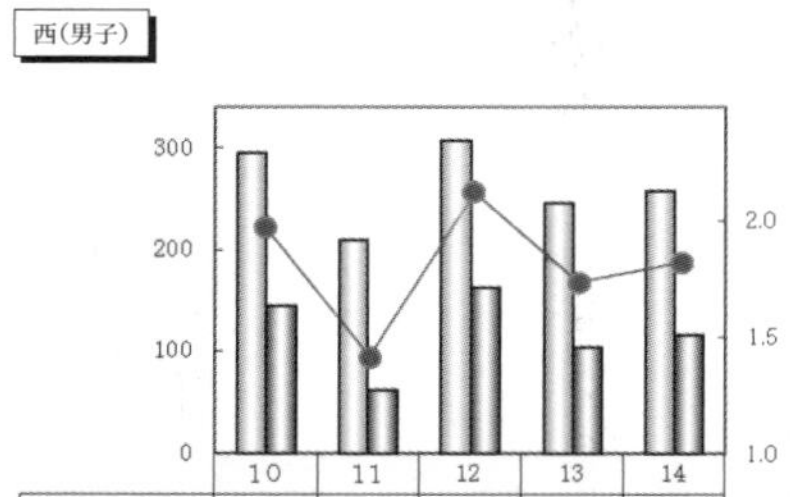

	10	11	12	13	14
受験者数	295	209	307	245	257
不合格数	145	62	162	104	116
実質倍率	1.97	1.42	2.12	1.74	1.82

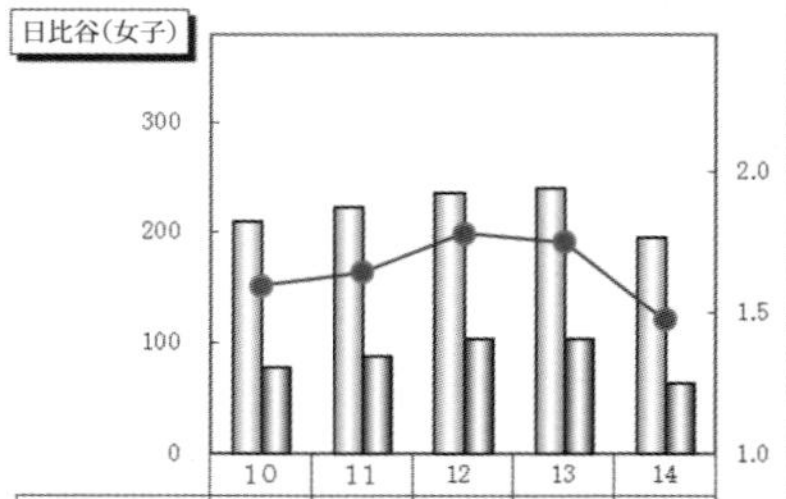

	10	11	12	13	14
受験者数	209	222	235	240	196
不合格数	78	87	103	103	63
実質倍率	1.60	1.64	1.78	1.75	1.47

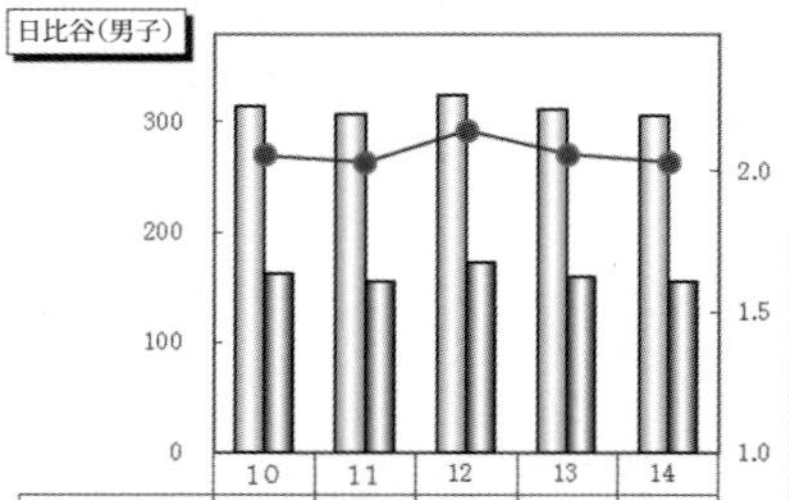

	10	11	12	13	14
受験者数	315	307	324	311	305
不合格数	162	156	173	160	155
実質倍率	2.06	2.03	2.15	2.06	2.03

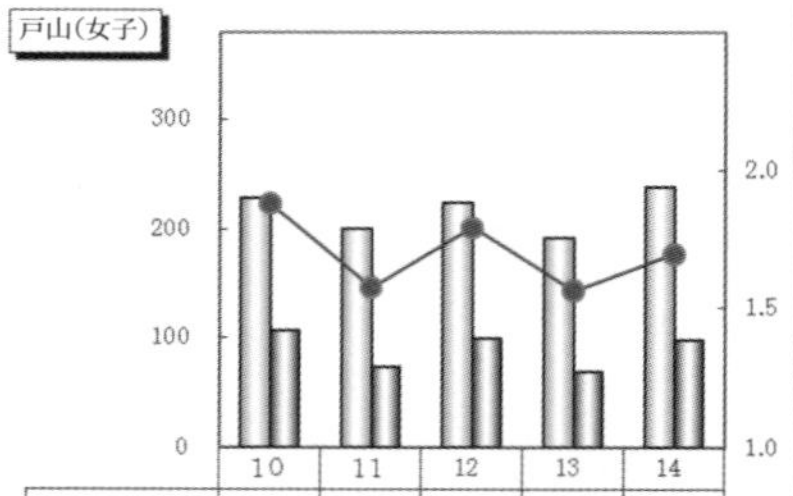

	10	11	12	13	14
受験者数	229	200	224	192	239
不合格数	107	73	99	69	98
実質倍率	1.88	1.57	1.79	1.56	1.70

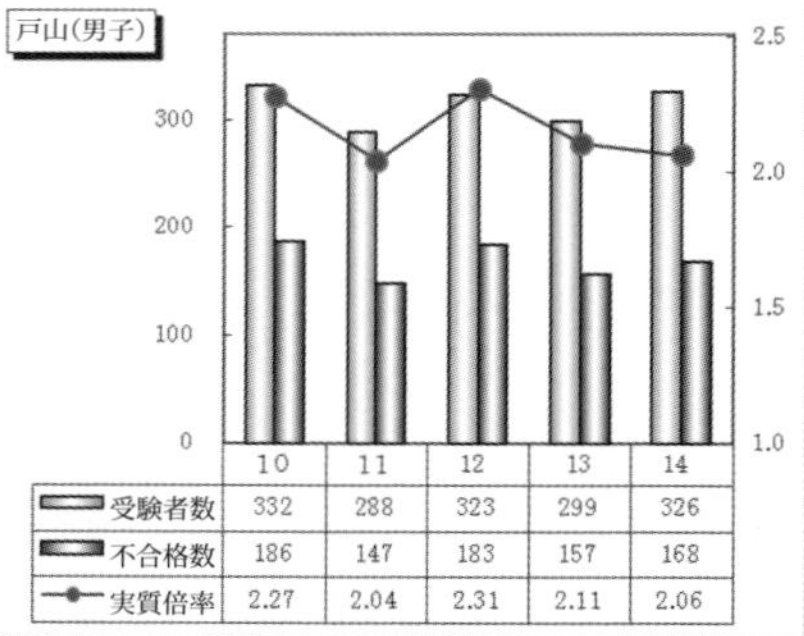

	10	11	12	13	14
受験者数	332	288	323	299	326
不合格数	186	147	183	157	168
実質倍率	2.27	2.04	2.31	2.11	2.06

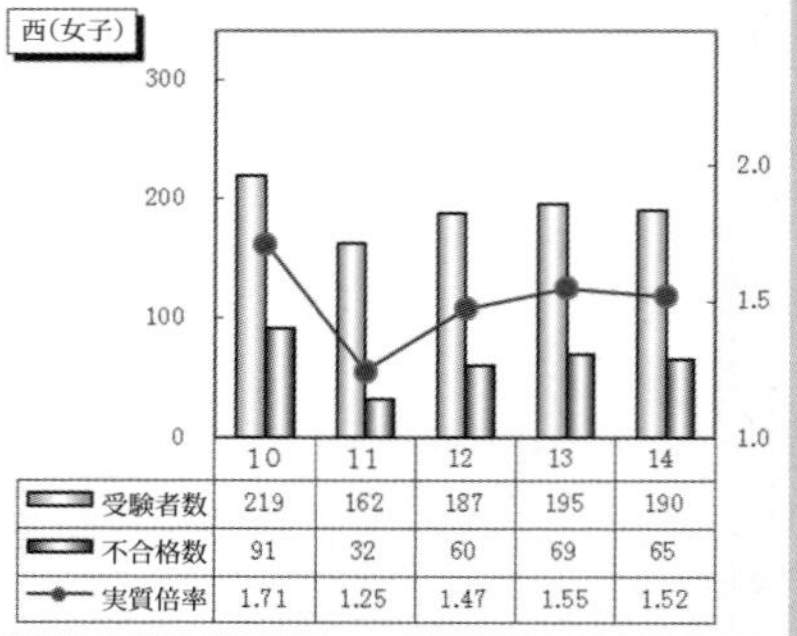

	10	11	12	13	14
受験者数	219	162	187	195	190
不合格数	91	32	60	69	65
実質倍率	1.71	1.25	1.47	1.55	1.52

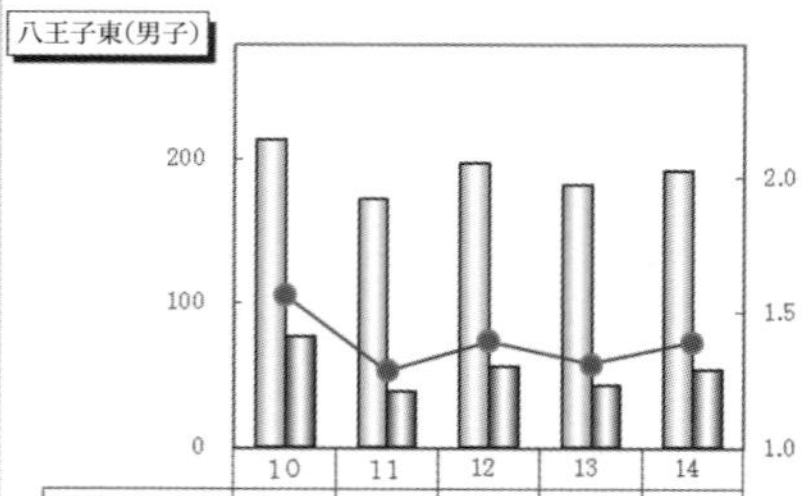

	10	11	12	13	14
受験者数	214	173	198	182	192
不合格数	77	38	56	43	54
実質倍率	1.56	1.28	1.39	1.31	1.39

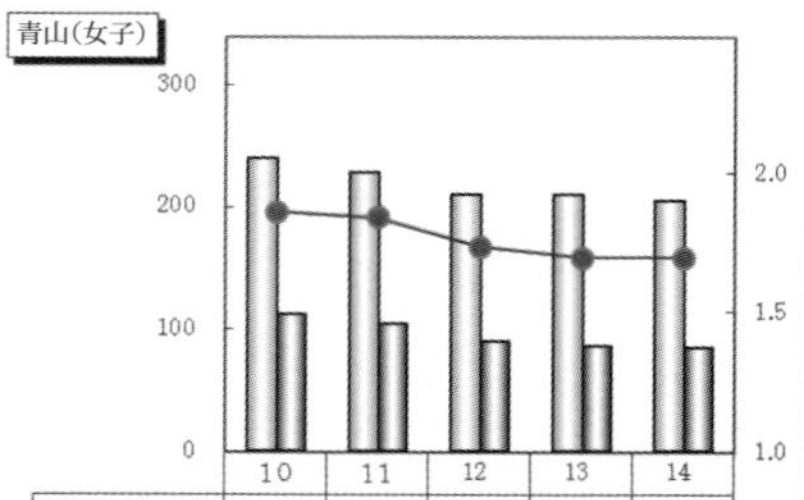

	10	11	12	13	14
受験者数	240	228	210	210	205
不合格数	111	104	89	86	84
実質倍率	1.86	1.84	1.74	1.69	1.69

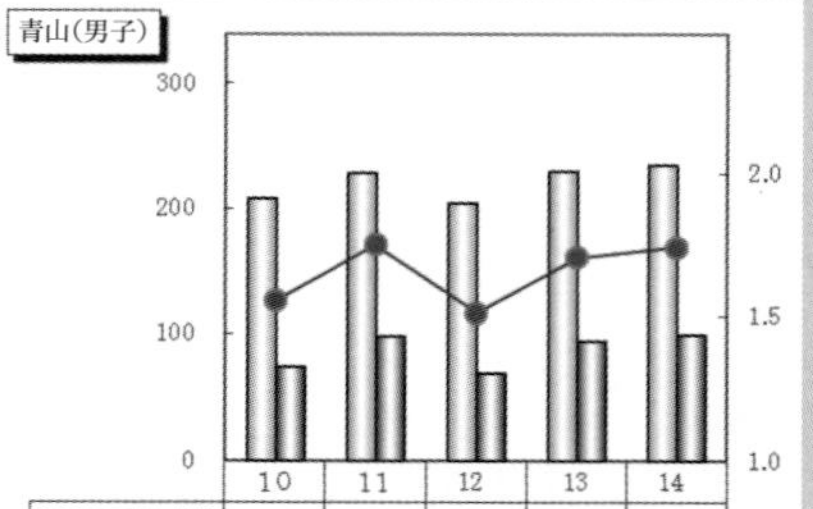

	10	11	12	13	14
受験者数	208	229	204	230	235
不合格数	74	98	69	95	100
実質倍率	1.55	1.75	1.51	1.70	1.74

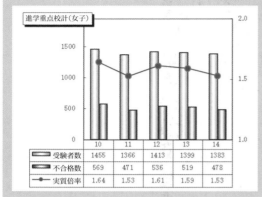

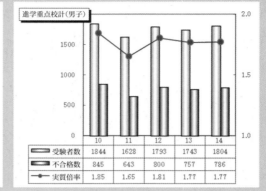

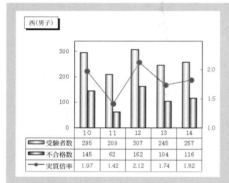

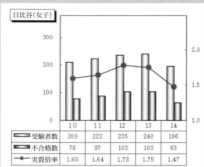

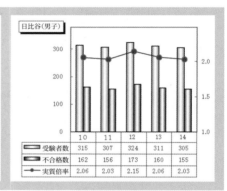

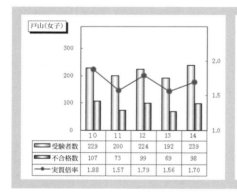

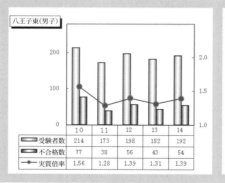

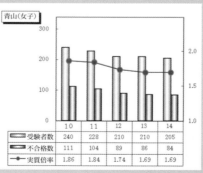

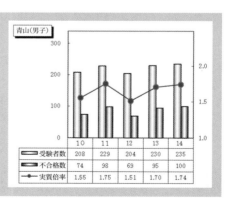

立川(女子)

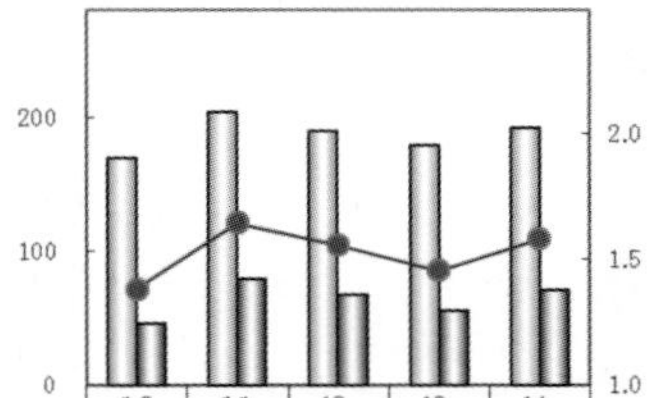

	10	11	12	13	14
受験者数	170	204	190	179	193
不合格数	47	80	68	56	71
実質倍率	1.38	1.65	1.56	1.46	1.58

立川(男子)

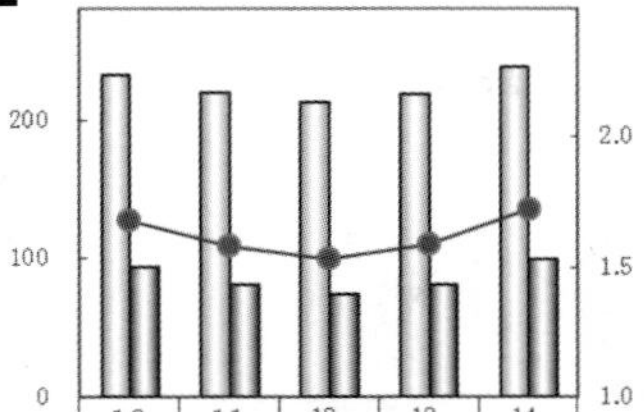

	10	11	12	13	14
受験者数	232	220	213	219	238
不合格数	94	81	74	81	100
実質倍率	1.68	1.58	1.53	1.59	1.72

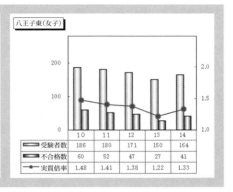

八王子東(女子)

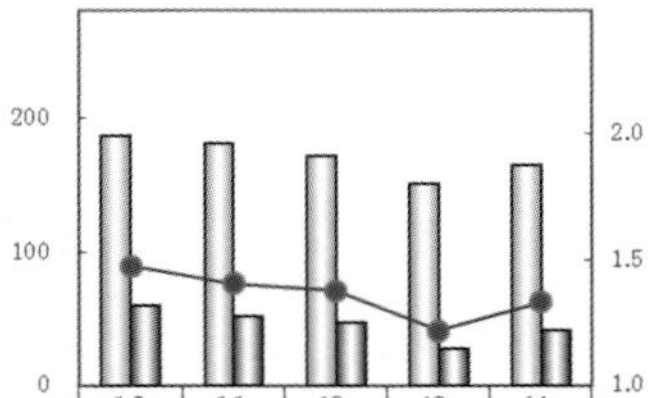

	10	11	12	13	14
受験者数	186	180	171	150	164
不合格数	60	52	47	27	41
実質倍率	1.48	1.41	1.38	1.22	1.33

進学指導特別推進校

特別推進校(男子計)

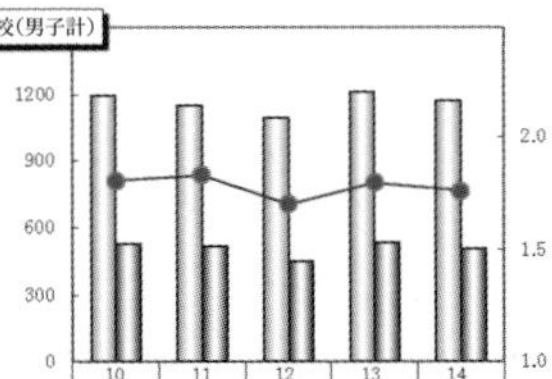

	10	11	12	13	14
受験者数	1195	1148	1093	1213	1173
不合格数	533	521	451	538	507
実質倍率	1.81	1.83	1.70	1.80	1.76

国立(女子)

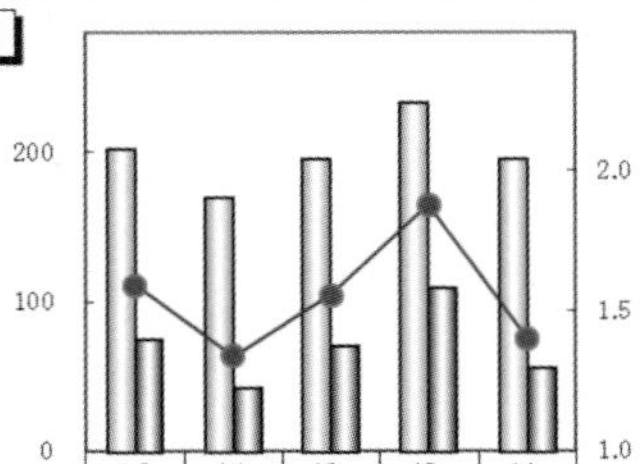

	10	11	12	13	14
受験者数	202	170	196	233	196
不合格数	75	43	70	109	56
実質倍率	1.59	1.34	1.56	1.88	1.40

国立(男子)

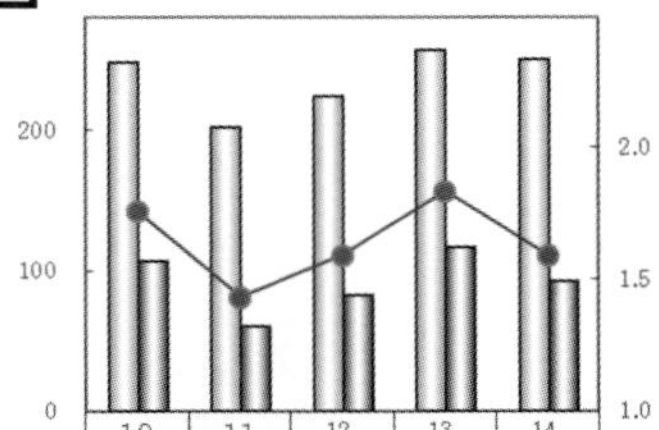

	10	11	12	13	14
受験者数	248	202	224	257	251
不合格数	107	61	83	117	93
実質倍率	1.76	1.43	1.59	1.84	1.59

特別推進校(女子計)

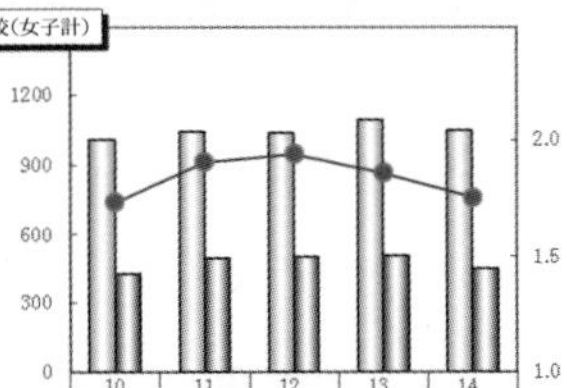

	10	11	12	13	14
受験者数	1008	1047	1039	1097	1050
不合格数	428	498	504	508	452
実質倍率	1.74	1.91	1.94	1.86	1.76

新宿(女子)

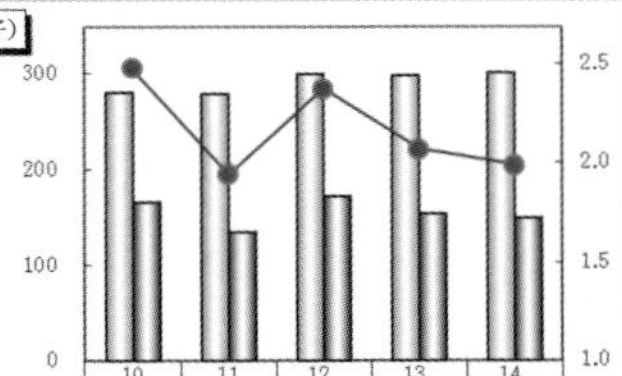

	10	11	12	13	14
受験者数	280	278	299	298	301
不合格数	167	135	173	154	150
実質倍率	2.48	1.94	2.37	2.07	1.99

新宿(男子)

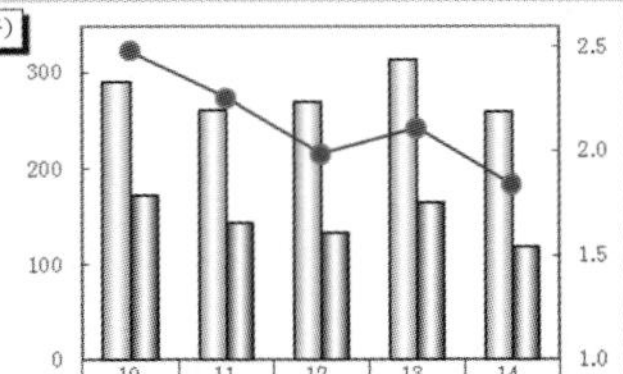

	10	11	12	13	14
受験者数	290	261	270	314	260
不合格数	173	145	134	165	119
実質倍率	2.48	2.25	1.99	2.11	1.84

小山台(男子)

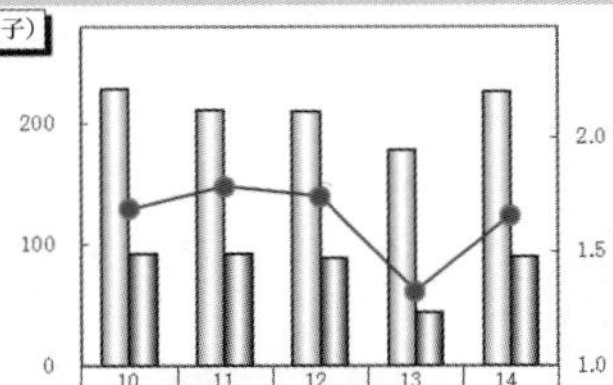

	10	11	12	13	14
受験者数	228	211	209	178	226
不合格数	93	93	89	44	90
実質倍率	1.69	1.79	1.74	1.33	1.66

国分寺(女子)

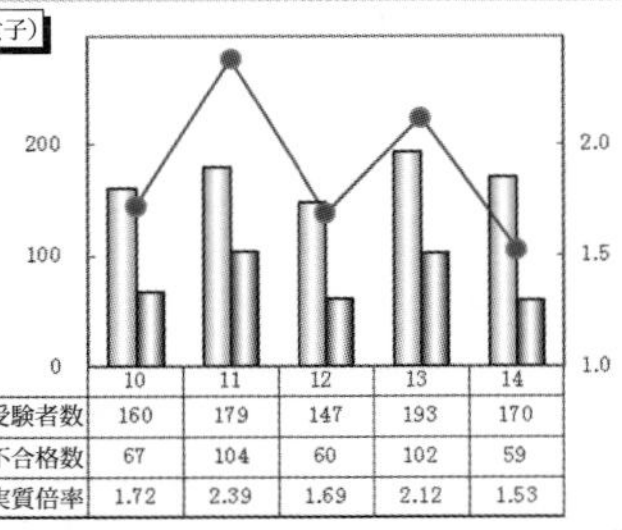

	10	11	12	13	14
受験者数	160	179	147	193	170
不合格数	67	104	60	102	59
実質倍率	1.72	2.39	1.69	2.12	1.53

国分寺(男子)

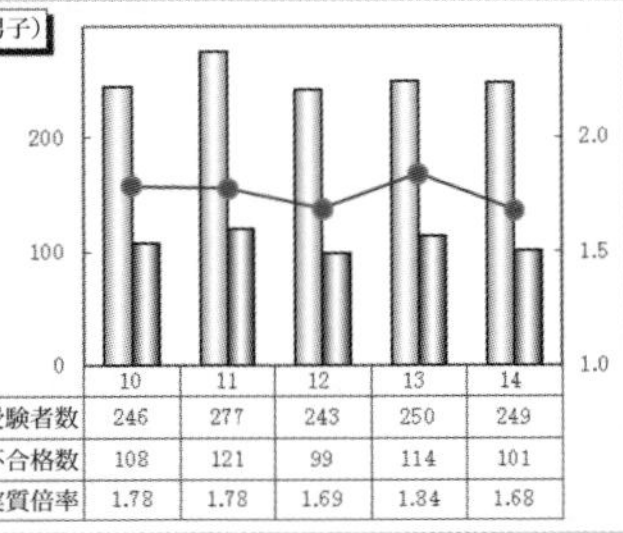

	10	11	12	13	14
受験者数	246	277	243	250	249
不合格数	108	121	99	114	101
実質倍率	1.78	1.78	1.69	1.84	1.68

小山台(女子)

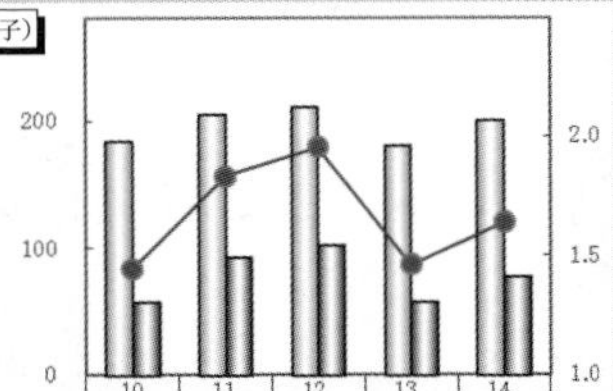

	10	11	12	13	14
受験者数	184	205	211	180	200
不合格数	57	93	103	57	78
実質倍率	1.45	1.83	1.95	1.46	1.64

駒場(女子)

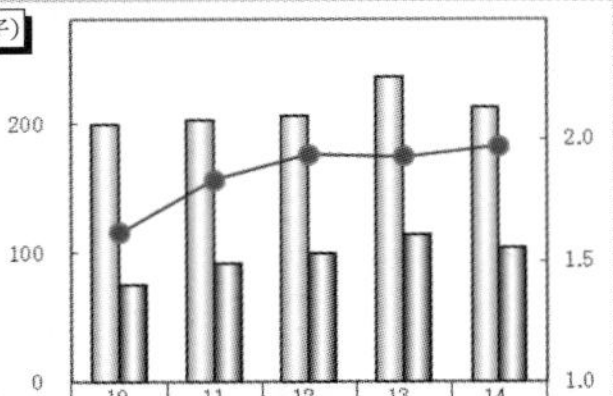

	10	11	12	13	14
受験者数	200	203	207	237	213
不合格数	76	92	100	114	105
実質倍率	1.61	1.83	1.93	1.93	1.97

駒場(男子)

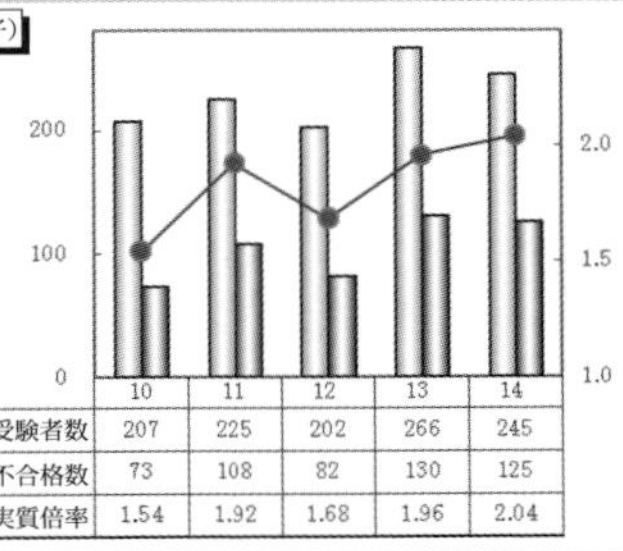

	10	11	12	13	14
受験者数	207	225	202	266	245
不合格数	73	108	82	130	125
実質倍率	1.54	1.92	1.68	1.96	2.04

※新宿と国分寺は男女合同募集だが、性別のデータを掲げている。
※町田と国際は省略

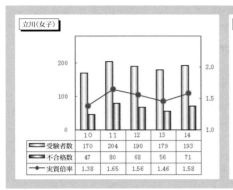

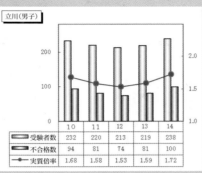

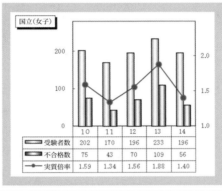

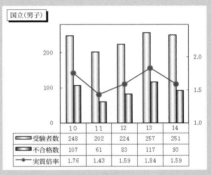

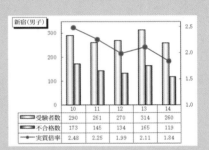

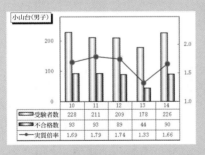

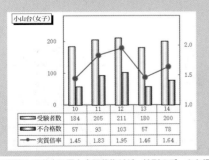

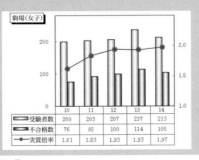

具体的に学校選びを進めるために

このページは、受験生や保護者のみなさんに「高校入試の基礎知識」を学んでいただくコーナーです。3月号では、学校選びのための基礎的な知識を学んでいただき、4・5月号ではその過程でぶつかるであろう入試用語の解説を行いました。今月号は、学校選びをさらに進めるために必要な情報集めについてお話しします。

学校選びのために必要な基礎知識として、3月号でお話ししたのは、「共学校か男子校・女子校か」「私立校か国公立校か」「普通科か専門学科か」という3点でした。

しかし、そうした視野で探したとしても、まだ志望校を絞りきれていないのがみなさんの実情だと思います。

今回は、さらに具体的な観点をご紹介しますので、学校を絞りきるための参考にしてください。

必ず調べておきたい 交通アクセスや立地条件

いくら「ここに決めたい」という高校が見つかっても、自宅から通うのが遠すぎたり、電車の乗り換えの悪さなどが重なれば、通学するだけで疲れてしまいます。学校説明会やオープンスクールに行くときは、実際の通学時間の時刻表や通学所用時間を調べましょう。

学校説明会などは土曜日の午後や日曜日が多くなっています。実際の通学は平日のラッシュ時に重なることも頭に入れておきましょう。

学校の最寄り駅からの通学路も歩いて確認しましょう。近くに繁華街があると、学校帰りに、つい寄り道…、などといったことにもなりかねませんし、在学中にアクシデントに巻き込まれたりということも考えられます。

逆に「よい環境」も見つけましょう。学校の近くに図書館やコミュニティセンターなどがあれば、そうした場所も学習の場と考えることもできます。

入試教科を把握し 入試方法を詳しく調べる

入試の方法では、学力試験一本という学校や、内申書の内容と面接という学校、作文・適性検査等による選抜など、学校により、また、入試回によりさまざまな方法があります。

公立高校を受検する場合は内申点が重要です。内申点と学科試験の得点配分は、都県や学校により異なるので注意しましょう。

受けようと思う学校の入試科目も要チェックです。3教科（英・数・国）なのか、5教科（英・数・国・理・社）なのか、面接の有無なども調べましょう。

理科・社会が苦手な人は3教科受験の方が有利になりますし、逆に得意ならば5教科受験を考えた方がよいわけです。

勉強だけが学校じゃない 部活動や学校行事を知ろう

高校生活では、勉強ばかりでなく充実した学校生活を送ることも大切です。学校行事や部活動はそのためにとても重要です。

行事や部活動から学校の雰囲気も伺えます。受験しようと考えている学校にどんな行事や部活動があるのか、自分に合うかどうかをよくチェックしておきましょう。行事は準備期間も充実しているかがポイントです。一般的に公立高校は、文化祭や合唱祭などの行事でとても盛りあがります。反対に私立の進学校は、公立校に比べ行事の準備期間が短くなります。

3年後の自分を描けるか 卒業生の進路も重要

「大学進学実績」を公表している学校の場合は、その高校の大学進学に対する意気込みが数字から読み取れます。「大学合格者数」の場合は注意が必要です。私立大学は何大学、何学部でも受験できますので、1人がいくつにも合格している可能性があります。

注目してほしいのは、国公立大学の合格者数です。基本的に1大学しか受けられないからです。

また、国公立大学は大学入試センター試験で5教科受験をする必要があるため、高校側がしっかりと対策をしているかどうかもわかります。

学校選びの前提として 学力を伸ばすことが肝心

さて、高校に進もうとするとき、中高一貫校の生徒でない限り、入学試験という壁があります。そこに学力を量る壁がある以上、学校選びも学力という要素が大きなポイントになります。

学力が一定以上あれば、希望する高校に進学することができます。これからの数カ月、さらに学力を伸ばすことができれば、希望する学校の幅も広がります。

中学校では、担任や学年主任が進学指導をするとき、内申点を見ながら生徒や保護者と進路について相談します。

ですから、どこの高校に行くにしても内申書が重要なのです。進路選択の幅を広げるためにも、日ごろの学習態度をしっかりとし、内申点を高く保っておく必要があります。学校の欠席もなるべく減らすに越したことはありません。

なかには「入試当日の筆記試験のみ」で合格者を決める私立高校もありますが、まだごく一部です。

5月号の答えと解説

問題　熟語パズル

交差点、平均点などのように、○○点という三文字熟語を集めてみました。それぞれのヒントを参考に、リストの漢字を○に当てはめて16個の○○点を完成させましょう。最後に、リストに残った4つの漢字でできる四字熟語を答えてください。

1 ○○点（互いに歩み寄っておりあいのつくところ）
2 ○○点（誤って自陣にゴ〜ル！）
3 ○○点（いま現在）
4 ○○点（ここは北緯90度）
5 ○○点（物質が空気中で自然に燃え始める最低温度）
6 ○○点（根や茎の先端にあって活発な細胞分裂を行っている）
7 ○○点（物体に対して力が働く点。支点、力点とこれ）
8 ○○点（「ぱ・ぴ・ぷ・ぺ・ぽ」の右肩につく「ﾟ」）
9 ○○点（ゴール、または、競技の勝利を決める得点）
10 ○○点（道路や物事の分かれ目）
11 ○○点（多くの男性のなかの、ただ１人の女性）
12 ○○点（「。」と「、」のこと）
13 ○○点（似通ったところ）
14 ○○点（ここから右は、1より小さい）
15 ○○点（よく聞いたり確かめたりしないで、わかったつもりになる）
16 ○○点（２つ以上のもののどれにも当てはまる）

【リスト】

意	一	火	岐
気	共	協	極
句	決	現	紅
合	作	殺	似
時	自	勝	小
衝	数	成	早
妥	濁	長	通
天	読	発	半
分	北	用	類

解答　意気衝天

解説

①〜⑯の熟語は下の通りで、リストには「意」「気」「衝」「天」の４つの漢字が残ります。

①妥協点　②自殺点　③現時点　④北極点
⑤発火点　⑥成長点　⑦作用点　⑧半濁点
⑨決勝点　⑩分岐点　⑪紅一点　⑫句読点
⑬類似点　⑭小数点　⑮早合点　⑯共通点

「意気衝天」とは、意気込みや元気が、非常に盛んな状態をいいます。「衝天」は天を突きあげるという意味で、勢いの盛んなことのたとえです。ここを「昇天」と間違えないように注意しましょう。また、似た意味の熟語に「意気軒昂」「意気揚揚」「気炎万丈」などがあり、「意気消沈」「意気阻喪」などは反対の意味になります。

一方、問題にある三文字熟語、⑥の「成長点」は、分裂組織とも呼ばれる分裂能力の高い細胞の集まりで、茎と根の先端にあって茎と葉や根の組織を作ります。植物が成長を続ける間は、茎や根が伸び、次々に葉や花ができますが、これは成長点の細胞が分裂して茎や葉、根の細胞に変化していくからです。

また、⑪の「紅一点」は、中国の王安石の詩のなかにある「万緑叢中紅一点」の句に由来する言葉で、「一面の緑のなかに咲くただ１つの赤い花」が本来の意味です。ここから、多くのもののなかに、ただ１つだけめだつものがまじっていることのたとえとして用いられ、さらに、多くの男性のなかに、１人だけ女性がいることのたとえに用いられるようになりました。

中学生のための

学習パズル

今月号の問題

覆面算

右の例のように、計算式の全部または一部の数字を文字や記号に置き換えたものを覆面算といい、それをもとの数字に戻すパズルです。

【例題】

　すも
×　も
―――
　です

【ルール】

・1つの文字には0～9のうちの1つの数字を使用します。
・同じ文字には同じ数字を、異なる文字には異なる数字を当てはめます。
・一番左の文字に当てはまる数字は0ではありません。

【例題の解き方】

(1)「も」×「も」で一の位が「す」になるのは、「も」が0、1、5、6以外のとき。
(2)このうち、「す」×「も」の答えが2けたにならないのは、右の表から2、9の2つだけ。
(3)「も」が9のとき、「す」が1なので、19×9＝171となってしまうからダメ。よって、「も」は2、「す」は4と決まり、42×2＝84より、「で」は8と求められます。

も	2	3	4	7	8	9
す	4	9	6	9	4	1

【問題】

次のかけ算が成り立つように、それぞれの文字に当てはまる数字を求めると、「も」に当てはまる数字はいくつになりますか？

　　かい
×　いか
――――
　たいも
ついか
――――
いつつも

5月号学習パズル当選者

全正解者46名

内田　柊哉さん（東京都狛江市・中3）
安平　弘大さん（千葉県千葉市・中2）
藤野　駿史さん（東京都江戸川区・中1）

応募方法

●必須記入事項

01　クイズの答え
02　住所
03　氏名（フリガナ）
04　学年
05　年齢
06　右のアンケート解答
展覧会の招待券プレゼント（詳細は73ページ）をご希望の方は、「○○展招待券希望」と明記してください。

◎すべての項目にお答えのうえ、ご応募ください。
◎ハガキ・ＦＡＸ・e-mailのいずれかでご応募ください。
◎正解者のなかから抽選で３名の方に図書カードをプレゼントいたします。
◎当選者の発表は本誌2014年８月号誌上の予定です。

●下記のアンケートにお答えください。

A今月号でおもしろかった記事とその理由
B今後、特集してほしい企画
C今後、取り上げてほしい高校など
Dその他、本誌をお読みになっての感想

◆2014年7月15日（当日消印有効）

◆あて先

〒101-0047　東京都千代田区内神田2-4-2
グローバル教育出版　サクセス編集室
FAX：03-5939-6014
e-mail:success15@g-ap.com

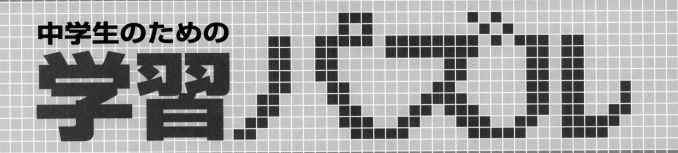

巣《す》鴨《がも》高等学校

問題

下図のような，AB＝５，BC＝６，CA＝４である△ABCがある．辺BCの中点をM，∠Aの２等分線と辺BCの交点をDとする．また，Cから直線ADに垂線を引き，この垂線と直線AMの交点をEとするとき，次の各問いに答えよ。

(1) DMの長さを求めよ．

(2) ME：EAを求めよ．

(3) DEの長さを求めよ．

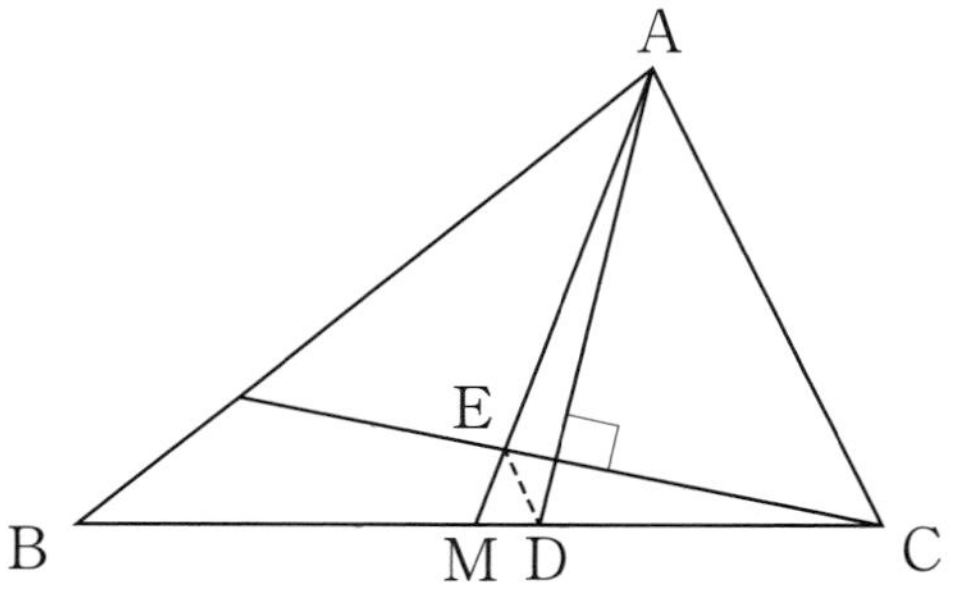

解答 (1) $\frac{1}{3}$ (2) 1：8 (3) $\frac{4}{9}$

東京都豊島区上池袋1-21-1
都電荒川線「巣鴨新田駅」徒歩８分、JR山手線「大塚駅」・東武東上線「北池袋駅」徒歩10分、JR埼京線「板橋駅」・JR山手線ほか「池袋駅」・地下鉄有楽町線「東池袋駅」・都営三田線「西巣鴨駅」徒歩15分
03-3918-5311
http://www.sugamo.ed.jp/

学校説明会
両日とも10：00～12：00
10月11日（土）
11月15日（土）

入試日程
２月10日（火）

明《めい》治《じ》学《がく》院《いん》東《ひがし》村《むら》山《やま》高等学校

問題

下の図で，点Oは原点，曲線 ℓ は関数 $y = x^2$ のグラフ，曲線 m は関数 $y = \frac{1}{3}x^2$ のグラフを表しています。曲線 ℓ 上に y 座標が等しい２点A，Dをとり，点A，Dから x 軸に垂線を下ろし，その点をそれぞれB，Cとします。点Aの x 座標を－４としたとき，次の問いに答えなさい。

(1) 四角形ABCDの面積を求めなさい。

(2) △AECの面積が64となるように曲線 m 上に点Eをとります。点Eの x 座標を正の数とするとき，点Eの座標を求めなさい。

(3) (2) のとき，△AECを x 軸のまわりに回転させてできる立体の体積を求めなさい。

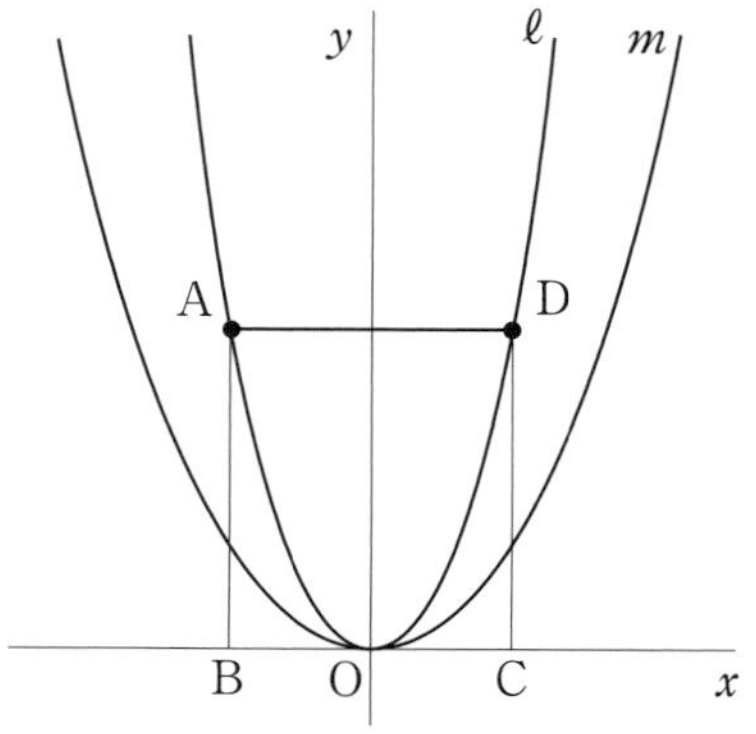

解答 (1) 128 (2) 6，12 (3) $\frac{3584\pi}{3}$

東京都東村山市富士見町1-12-3
西武拝島線・西武国分寺線「小川駅」徒歩８分、JR武蔵野線「新小平駅」徒歩25分（自動車通学可）
042-391-2142
http://www.meijigakuin-higashi.ed.jp/

学校説明会
第１回　９月27日（土）　14：00
第２回　11月15日（土）　14：00
第３回　12月６日（土）　14：00
第４回　１月10日（土）　15：00
※第１回～第３回の説明会終了後に推薦入試個別相談あり

オープンキャンパス　要予約
7月19日（土）　10：00～15：00
※詳細はHPにて

ヘボン祭
両日とも10：00～15：00
11月１日（土）
11月３日（月・祝）

私立高校の入試問題

春《かす》日《か》部《べ》共《きょう》栄《えい》高等学校

■ 埼玉県春日部市上大増新田213

■ 東武スカイツリーライン・東武野田線「春日部駅」スクールバス

■ 048-737-7611

■ http://www.k-kyoei.ed.jp/

学校説明会
7月12日（土） 13：00

入試説明会・個別相談会
すべて10：00～14：00
9月28日（日） 10月19日（日）
11月16日（日） 11月23日（日）

個別相談会
両日とも10：00～14：00
12月21日（日） 12月23日（火・祝）

体育祭
10月10日（金） 9：00～15：00

吹奏楽部演奏
7月12日（土） 9月23日（火・祝）
12月21日（日）

管弦楽部定期演奏会
11月3日（月・祝） 14：00

問題

図Ⅰのように正方形ABCDがあり，頂点Aには光源があります。点Aから傾きmで発射された光線は，各辺で反射して四隅のA，B，C，Dのどこかにたどりついたところで止まります。

例えば，傾き$m=\frac{2}{3}$で発射された光線は，図Ⅰのように辺BC，CD，DAで3回反射してBで止まります。また，この反射する現象は図Ⅱを利用して考えることができます。

図Ⅰ

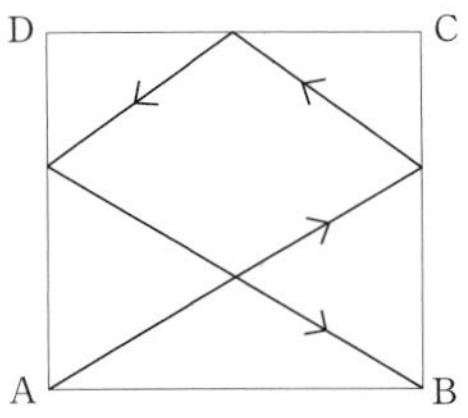

図Ⅱ

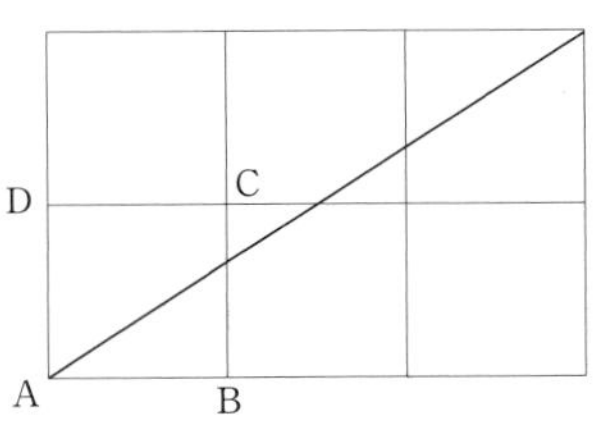

次の問いに答えなさい。

(1) 傾き$m=\frac{3}{4}$で発射された光線が，各辺で反射するのは［ア］回

(2) 傾き$m=\frac{5}{3}$で発射された光線が，各辺で反射するのは［イ］回

(3) 傾き$m=\frac{2013}{2014}$で発射された光線が，各辺で反射するのは［ウエオカ］回

解答 (1) ア：5　(2) イ：6　(3) ウエオカ：4025

錦《きん》城《じょう》高等学校

■ 東京都小平市大沼町5-3-7

■ 西武新宿線「小平駅」徒歩15分、JR中央線「武蔵小金井駅」・西武池袋線「東久留米駅」バス

■ 042-341-0741

■ http://www.kinjo-highschool.ed.jp/

夏休み学校説明会　要予約
7月22日～8月28日の火・木・土
10：00

入試説明会　個別相談あり
10月12日（日） 10：00
10月26日（日） 10：00
11月9日（日） 10：00
11月22日（土） 14：00
11月29日（土） 14：00

個別相談
12月6日（土） 14：00

文化祭　入試相談コーナーあり
両日とも9：00～15：00
9月13日（土） 9月14日（日）

問題

下の図で，ABを直径とする円に点Fから引いた接線が円と接する点をC，Dとする．BC＝CF＝2㎝，∠CFD＝90°のとき，次の問いに答えなさい．

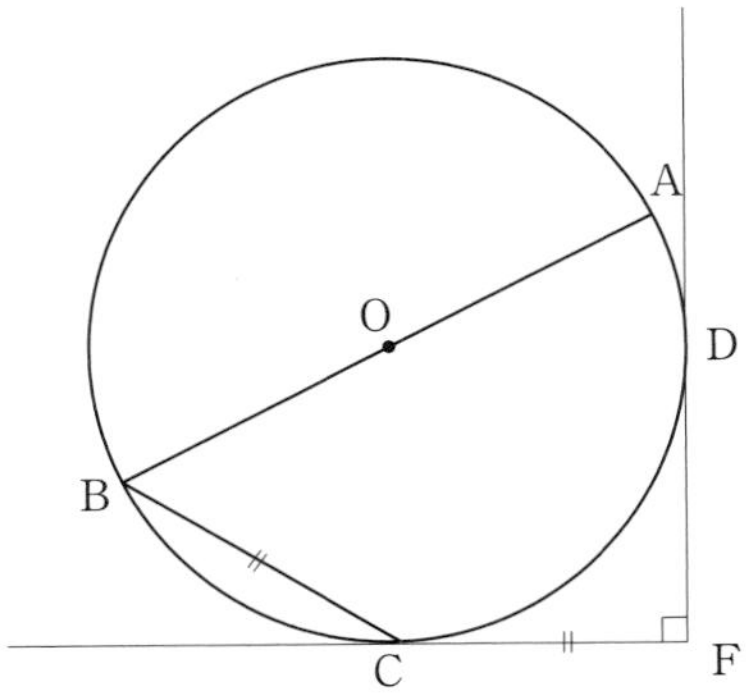

(1) AB＝［ア］cm，
CD＝［イ］$\sqrt{［ウ］}$cmである．

(2) 四角形ABCDの対角線の交点をEとしたとき，∠AEDの大きさは［エ］［オ］度である．AE＝（［カ］$\sqrt{［キ］}$－［ク］）cm，
AD＝（$\sqrt{［ケ］}$－$\sqrt{［コ］}$）cmである．

(3) 四角形ABCDの面積は，（［サ］＋$\sqrt{［シ］}$）㎠である．

解答 (1) ア．4 イ．2 ウ．2　(2) エ．4 オ．5 カ．2 キ．3 ク．2 ケ．6 コ．2　(3) サ．3 シ．3

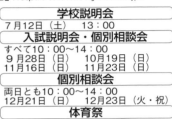

お便りコーナー

サクセス広場

遠足の思い出

あまりしゃべったことのない子たちと同じ班になって不安だったけど、遠足ですごく**仲よくなれた！**

（中２・おみくじさん）


遠足当日は毎年興奮しすぎて、ほとんど記憶がない！　おやつを準備したり、夜なかなか眠れなかったり。**前日の方が覚えている。**

（中１・楽しみすぎさん）

中２の遠足の行き先は**横浜**だったんですけど、全部自由な班行動だったのですっごく楽しかったです！
（中３・えんそくだいまんぞくさん）

目的地の山の上をめざして歩いているときに、気づかずに大嫌いな**アリの大群**を踏みつけてしまいました。５倍速で逃げました…。

（中２・アリよさらばさん）


楽しみにしていたお弁当、母も張りきって作ってくれました。でも**お箸がなかった…**。

（中２・おにぎりでよかったさん）


小３のときに、お弁当を**開けた瞬間ひっくり返し**ました（笑）。大泣きしましたが、クラスのみんながオカズを分けてくれたことはいまでも覚えています。みんなありがとォ！

（中３・宇治銀楽丼さん）

家族のそっくりエピソード

お父さんも、おじいちゃんも**髪の毛が薄い**んです…。きっとぼくも将来どんどん薄くなるんだろうなあと思うといまから憂鬱です…。

（中１・わかめを食べようさん）

電話で声をお父さんと間違えられる。この前はお母さんから間違えられました。
（中３・変声期さん）

テレビを見ていて、家族全員が**同じつっこみ**をしたのを見て、つっこみ家族だな〜と思いました。

（中３・ボケも必要さん）


母は３人姉妹ですが、**顔がそっくり！**　３人いっしょに写っている写真が、似すぎててなんかこわい！

（中３・クローンさん）


父と私の靴下は、なぜか**親指部分**に必ず穴が空きます。足の形のせいか、歩き方のせいか…謎です。

（中２・親指がこんにちはさん）


この前、机の上のメモを見て、「オレ、こんなこと書いたかなあ？」と思ったら、**弟の字でした**。字って似るの？

（中２・習字は嫌いさん）

恋に落ちた瞬間は?

私は、Ｓ君という子と仲がよかったのですが、ある日Ｓ君にイタズラで転ばされてしまい、泣いてしまった私の顔を覗き込んで、「わり、大丈夫？」と聞いてきた顔に**キュンときました！**

（中２・夢猫さん）


初めて会ったとき！　まさに一目惚れですね（笑）。ああ！　やばい！　って思いました！

（中３・片思い上等さん）


普段大人しいのに、理不尽なことを言った先生にめちゃくちゃ正論で意見した同級生の女の子。**惚れた。**

（中２・女はコワイさん）

普段かけていない**メガネ**をかけているのを見たとき！
（中３・メガネ大好きっこさん）

体育祭のリレー！　ビリだったのにどんどん抜いて１位でゴールした先輩の姿が忘れられません。

（中３・K.Tさん）

必須記入事項

A／テーマ、その理由　B／住所　C／氏名
D／学年　E／ご意見、ご感想など

ハガキ、FAX、メールを下記までどしどしお寄せください!

住所・氏名は正しく書いてください!!

ペンネームは氏名のうしろに(　)で書いてネ!

【例】サク山太郎（サクちゃん）

あて先

〒101-0047　東京都千代田区内神田2-4-2
グローバル教育出版　サクセス編集室
FAX:03-5939-6014
e-mail:success15@g-ap.com

募集中のテーマ

「密かに自信を持っていること」

「この自由研究がすごかった」

「夏の食べ物といえば?」

応募〆切 2014年7月15日

ケータイから上のQRコードを読み取り、
メールすることもできます。

掲載されたかたには
抽選で図書カードをお届けします!

掲載にあたり一部文章を整理することもございます。個人情報については、図書カードのお届けにのみ使用し、その他の目的では使用いたしません。

Art

不思議な動き　キネティック・アート展
～動く・光る・目の錯覚～

7月8日（火）～8月24日（日）
損保ジャパン東郷青児美術館

フランコ・グリニャーニ《波の接合33》1965年　油彩・カンヴァス

「キネティック・アート展」の招待券を5組10名様にプレゼントします。応募方法は69ページを参照。

不思議な「動く芸術」キネティック・アート

上の画像を見ると、平面のものだけど、少し動いてるような、不思議な奥行きを感じることができる。20世紀のヨーロッパで誕生したキネティック・アートは、こうした、作品そのものに「動き」を取り入れていることが特徴だ。機械を使って動いたり、発光したりする作品以外にも、上の絵のように目の錯覚を利用して平面の作品に動きを出したり、ユニークなものが多い。不思議な「動く芸術」を体感してみよう。

Exhibition

特別展　ガウディ×井上雄彦
- シンクロする創造の源泉 -

7月12日（土）～9月7日（日）
森アーツセンターギャラリー

井上雄彦　《トネット》2013年©I.T.Planning

「ガウディ×井上雄彦展」の招待券を5組10名様にプレゼントします。応募方法は69ページを参照。

ガウディと井上雄彦　奇跡のコラボレーション

サグラダ・ファミリアをはじめ数々の作品を遺したスペインを代表する建築家、アントニ・ガウディと『SLAM DUNK』や『バガボンド』などの人気作品を描いた日本を代表する漫画家、井上雄彦。唯一無二の魅力を持つ2人のアーティストによる夢のコラボレーションが実現する。ガウディの偉業と人間像を、貴重な資料と井上が展覧会のために書きおろした約40点の作品により浮き彫りにしていく。

Art

台北　國立故宮博物院―神品至宝―

東京会場6月24日（火）～9月15日（月祝）
東京国立博物館

《翠玉白菜》　清時代・18～19世紀（展示期間：6月24日（火）～7月7日（月）／東京のみ）　台北　國立故宮博物院蔵

「台北　國立故宮博物院（東京会場）」の招待券を5組10名様にプレゼントします。応募方法は69ページを参照。

門外不出の名品ぞろい　夢の展覧会がついに実現！

世界の四大博物館の1つ、台湾・台北市にある故宮博物院には、歴代皇帝のコレクションなど中国歴史上の傑作が数多く収蔵されている。そんな故宮博物院の優れた文化財を紹介する展覧会が、ついに日本で開催。とくに注目されるのは、上の写真の「翠玉白菜」（展示期間6/24～7/7の2週間限定）。美しいヒスイから瑞々しい白菜の姿を彫りあげたまさに「神品」だ。中国文化のすばらしさを感じてみよう

サクセス イベントスケジュール
6月～7月
世間で注目のイベントを紹介

さまざまな色の花を咲かせて夏を彩るアサガオ。原産地は中国南部や東南アジアと推測され、日本へは奈良時代に遣唐使が持ち帰ったものが最初だと言われている。江戸時代には2度もアサガオブームがあったほど、古くから園芸用として親しまれている植物だ。

Exhibition

太古の哺乳類展
―日本の化石でたどる進化と絶滅―

7月12日（土）～10月5日（日）
国立科学博物館

ナウマンゾウ（オス）全身骨格《神奈川県立生命の星・地球博物館蔵》

「古代の動物園」が上野に出現！

絶滅した太古の生物というと、真っ先に恐竜を思い浮かべる人も多いと思うけど、今回の展覧会は「太古の哺乳類」がテーマだ。「ナウマンゾウ」の全身復元骨格や、日本で発掘された化石が世界的に有名な「パレオパラドキシア」など、約1億2000万年前から日本で進化し、数万年前までに絶滅した数々の哺乳類を紹介している。まるで「古代の動物園」のような貴重な特別展だ。

Art

ボストン美術館　華麗なるジャポニスム展　印象派を魅了した日本の美

6月28日（土）～9月15日（月祝）
世田谷美術館

フィンセント・ファン・ゴッホ《子守唄、ゆりかごを揺らすオーギュスティーヌ・ルーラン夫人》1889年 Bequest of John T. Spaulding 48.548 Photograph©2014 Museum of Fine Arts, Boston.

「ボストン美術館展」の招待券を5組10名様にプレゼントします。応募方法は69ページを参照。

印象派と浮世絵の華麗なる競演

19世紀後半～20世紀初頭にかけて、西洋では日本美術が注目され、大流行した。こうした西洋における日本趣味・「ジャポニスム」は、西洋芸術にも大きな影響を与え、浮世絵に見られる大胆な構図や配色、日本独特の模様などが盛んに取り入れられ、多くの傑作が生み出された。展覧会では、アメリカ・ボストン美術館所蔵品からモネ、ゴッホの絵画をはじめ、版画、素描、工芸など約150点の作品が展示される。

Art

魅惑のコスチューム：バレエ・リュス展

6月18日（水）～9月1日（月）
国立新美術館

レオン・バクスト「青神」の衣裳（《青神》より）1912年頃　オーストラリア国立美術館
Léon BAKST *Tunic from costume for the Blue God* from the Ballets Russes' production of *Le Dieu bleu (The Blue God)*, c.1912 National Gallery of Australia, Canberra

「バレエ・リュス展」の招待券を5組10名様にプレゼントします。応募方法は69ページを参照。

伝説のバレエ団の芸術的なコスチューム

バレエはもちろん、ファッションに興味のある人にもおすすめの展覧会がこちら。フランス語で「ロシア・バレエ団」を意味する「バレエ・リュス」は、1909年にパリでデビューし、革新的なステージにより多くの人を魅了した伝説のバレエ団だ。そんな「バレエ・リュス」のコスチューム（衣裳）に注目した展覧会。視覚的インパクトを重視したデザインやカット、見る者を引きつける鮮やかな色彩と装飾が魅力だ。

～サクセス18のご紹介～

サクセス18は早稲田アカデミーが創った現役生難関大学受験専門塾です。

昨年比アップ!!

東京大学63名合格!

過去最高数更新!!

早慶上智大530名合格!

高い合格率 27%
2014年早稲アカ合格率
参考 22%・22%

GMARCH理科大655名合格!

早稲田232名合格
慶應145名合格
上智153名合格

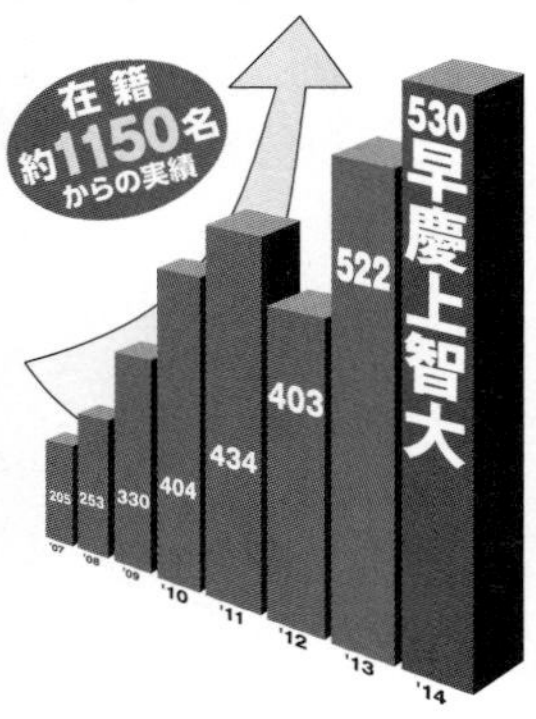

●2014年度 大学入試合格体験記

東京大学［文科Ⅰ類］合格
早稲田大学［法学部］、明治大学［法学部］
歌代 彩花（国立筑波大学附属高校）
学校生活を楽しみながら

高校1年のはじめからサクセス18に通って、英数国の3科目を受講していました。高校1年生なんて正直受験を意識して勉強なんてできないし、学校の行事や部活を楽しむべきだと思います。しかし、受験に対する高い意識を常に持っていなくとも、サクセス18に通いつづけていたことで毎週の授業時の確認テストの準備などによって、最低限の勉強量を確保することができました。高校2年の終わりまでのこの積み重ねが、私の学力の基礎を作ってくれて、受験期に大きなアドバンテージになったと思います。ただ、後輩に注意したいのは「社会」です。私の学校は社会の進度が遅く、サクセス18でも地理は高3からしかなく、世界史も高2の終わりには中世までしか進んでいなかったのでとても焦りました。なんとか間に合いましたが、その分直前期に英数国の演習量が減ってしまい、不安に感じました。サクセス18の通常授業が始まる前に、社会は自主的に学習をしておくと授業の効果はさらに上がるし、楽だと思います。サクセス18のよい所は、必勝講座等を通じて、同じ目標を持つ仲間と出会えることだと思います。仲間と切磋琢磨できるのは、とても支えになったし、時にはライバルとしても多くの刺激をもらうことができました。とても長い時間をサクセス18で過ごしました。サクセス18の先生方、スタッフの方々、事務の方々、そして同級生のみなさん、3年間本当にありがとうございました。

東京大学［理科Ⅲ類］合格
慶應義塾大学［医学部］、東京慈恵会医科大学［医学部］、順天堂大学［医学部］
郭 昇煥（私立開成高校）
集う人間の思いをカタチに

つらかった。毎週の授業。春・夏・冬の季節講習。1日10時間の夏期合宿。全国からのライバルがしのぎを削った東大冬合宿。センター前の一週間。授業もなく、自分ひとりと戦う2月の毎日。なにかどうしようもない失敗をするんじゃないか。勉強量が足りないんじゃないか。このままじゃ落ちるんじゃないか…。いろいろと思いつめたときもあった。受験をこのままやめてしまおうかと思ったときもあった。投げ出してしまうおうか。逃げ出してしまおうか。でも、そうはしなかった。あきらめようかと思うと、いつも浮かぶ顔は、早稲田アカデミーの先生方、一緒に通った良きライバルである友達の存在だった。結局、自分を合格という結果につなぎ止めてくれたもの、それは、早稲田アカデミーという学びの場に集った仲間と、それを懸命に導いてくれた先生ひとりひとりの人間の存在だったと思う。カリキュラムも、教材も、バックアップシステムも、どれもこれも、本当に魅力的な塾が早稲田アカデミーだった。しかしなにより、この空間を支えた人間の思いが、かけがえのない私の財産であり、これから学ぶみんなにも感じ取ってほしい魅力だと思う。3年間ありがとうございました。

一橋大学［法学部］合格
慶應義塾大学［経済学部］、早稲田大学［政治経済学部・法学部・国際教養学部］、上智大学［法学部］、中央大学［法学部］、明治大学［政治経済学部］、日本女子大学［人間社会学部］
江本 磨依（私立光塩女子高校）
早稲アカでの思い出

私は中学三年から、4年間、早稲アカに通いました。こうして無事に第一志望の大学に合格することができて、改めて受験生活における早稲アカの支えの大きさに気付かされました。私が思う早稲アカの美点は、第一に精神面でのサポートです。日々の対話や定期的な面談の中でのたくさんの激励があったからこそ、私は最後まで受験勉強を頑張りきることができました。生徒を一人一人を把握した綿密なサポートは少人数制の早稲アカならではだと思います。第二に、明確な努力のすすめです。夏期合宿や必勝合宿、正月特訓など、早稲アカの指導方針は人並み以上の努力を要しますが、こうしたまっすぐな努力の蓄積は確かに結果に繋がります。そして、受験当日などの切迫した状況でこそ、早稲アカとともに歩んできた努力の軌跡は真価を発揮し、受験生を不安から解き放ってくれるはずです。4年前、早稲アカへの通塾という選択をしたからこそ、私は自分の望む結果が出せたのだと確信しています。受験生の皆さんも、早稲アカを信じてまっすぐに努力を続けて輝かしい未来を開いていってください。応援しています。

早稲田大学［創造理工学部］合格
首都大学［都市教養学部］、東京理科大学［工学部・理工学部］、明治大学［理工学部］、法政大学［理工学部］、東京都市大学［工学部］
井上 遼哉（私立東京都市大学付属高校）
早稲田アカデミーから得たモノ

私の中学3年間は、親の目が届いていないのを良いことに、勉強のモチベーションが低下していきました。中学校の勉強はどうにかなりましたが、高校ではそうはいきません。高校1年の成績は散々なものでした。そんな中で出会った塾が、早稲アカでした。早稲アカの授業はとても体系的でわかりやすく、かつ先生と生徒のコミュニケーションが多い、体験授業でそう感じた私は、早稲アカで学ぼうと決めました。2年生の夏に合宿に参加し、周りに触発され、かつ校舎でのハイレベルな仲間の存在は、私のモチベーションをさらに上げていきました。3年生になり、早稲田大学を志望していた私は、早慶必勝に参加しました。校舎より更にハイレベルな仲間との競争は、私を大きく成長させました。この頃には、スタート段階で高い目標であった早稲田大学が、現実的な目標になっていきました。入試までの期間、質の高い授業だけでなく精神的なサポートや丁寧な面談、正月特訓など様々なサポートを経て、今の合格があると思っています。私は早稲田アカデミーによって志望校へ合格できました。本当にありがとうございました。

高3対象
日曜特訓

志望校別対策コース

東大 必勝コース | **一橋大 必勝コース** | **東工大 必勝コース** | **早慶大 必勝コース** | **難関大 必勝コース**

受付中

エキスパート講師陣　少人数・学力別クラス　志望校別オリジナル教材　徹底した添削システム

［会場］▶ 東大必勝 御茶ノ水校　一橋大必勝 荻窪校　東工大必勝 渋谷校
早慶大必勝 池袋校・渋谷校・国分寺校　難関大必勝 池袋校・渋谷校・国分寺校

［料金］▶ 入塾金：10,800円（基本コース生は不要）
受講料：31,400円／ターム

池袋校	03-3986-7891	大泉学園校	03-5905-1911	調布校	042-482-0521	大宮校	048-641-4311
御茶ノ水校	03-5259-0361	荻窪校	03-3391-2011	新百合ヶ丘校	044-951-0511	所沢校	04-2926-2811
渋谷校	03-3406-6251	国分寺校	042-328-1941	宮崎台校	044-855-4481	志木校	048-476-4901

医歯薬専門予備校44年の伝統と実績

医学部完全合格68名!!

1クラス6名、夜12:30まで講師がつきっきり指導!　**高3生対象** **ホテル合宿特訓 7/19(土)～8/16(土)**

体験授業 7/7(月)～12(土)　高1～高3 無料

医学部専門個別指導 Medical 1 メディカル・ワン

早稲田アカデミー教育グループ
医歯薬専門予備校
野田クルゼ
〈御茶ノ水〉

資料請求・お問い合わせ・各種お申し込みはお気軽にこちらへ

現役校 Tel 03-3233-6911(代)
Fax 03-3233-6922 受付時間 13:00~22:00

本　校 Tel 03-3233-7311(代)
Fax 03-3233-7312 受付時間 9:00~18:00

野田クルゼの最新情報はホームページでもご確認いただけます。 野田クルゼ 検索

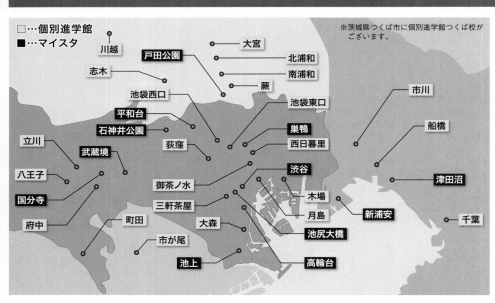

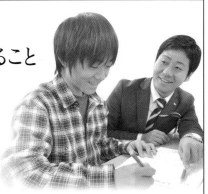

「個別指導」という選択肢――

《早稲田アカデミーの個別指導ブランド》

MYSTA 早稲田アカデミー 個別指導マイスタ

早稲田アカデミー 個別進学館

○目標・目的から逆算された学習計画

マイスタ・個別進学館は早稲田アカデミーの個別指導ブランドです。個別指導の良さは、一人ひとりに合わせた指導。自分のペースで苦手科目・苦手分野の学習ができます。しかし、目標には必ず期日が必要です。そこで、期日までに必要な学習内容を終えるための、逆算された学習計画が必要になります。早稲田アカデミーの個別指導では、入塾の際に長期目標／中期目標を保護者・お子様との面談を通じて設定し、その目標に向かって学習計画を立てることで、勉強への集中力を高めるようにしています。

○集団授業のノウハウを個別指導用にカスタマイズ

マイスタ・個別進学館の学習カリキュラムは、早稲田アカデミーの集団授業のカリキュラムを元に、個別指導用にカスタマイズしたカリキュラムです。目標達成までに何をどれだけ学習するかを明確にし、必要な学習量を示し、毎回の授業・宿題を通じて目標に向けて学習し続けるためのモチベーションを維持していきます。そのために早稲田アカデミー集団校舎が持っている『学習する空間作り』のノウハウを個別指導にも導入しています。

○難関校にも対応

マイスタ・個別進学館は進学個別指導塾です。早稲田アカデミー教務部と連携し、難関校と呼ばれる学校の受験をお考えのお子様の学習カリキュラムも作成します。また、早稲田アカデミーオリジナルの難関校向け教材も、カリキュラムによっては使用することができます。

好きな曜日!!

「火曜日はピアノのレッスンがあるので集団塾に通えない…」そんなお子様でも安心!! 好きな曜日や都合の良い曜日に受講できます。

1科目でもOK!!

「得意な英語だけを伸ばしたい」「数学が苦手で特別な対策が必要」など、目的・目標は様々。1科目限定の集中特訓も可能です。

好きな時間帯!!

「土曜のお昼だけに通いたい」というお子様や、「部活のある日は遅い時間帯に通いたい」というお子様まで、自由に時間帯を設定できます。

回数も自由に設定!!

一人ひとりの目標・レベルに合わせて受講回数を設定できます。各科目ごとに受講回数を設定できるので、苦手な科目を多めに設定することも可能です。

苦手な単元を徹底演習!

平面図形だけを徹底的にやりたい。関係代名詞の理解が不十分、力学がとても苦手…。オーダーメイドカリキュラムなら、苦手な単元だけを学習することも可能です!

定期テスト対策をしたい!

塾の勉強と並行して、学校の定期テスト対策もしたい。学校の教科書に沿った学習ができるのも個別指導の良さです。苦手な科目を中心に、テスト前には授業を増やして対策することも可能です。

実際の授業はどんな感じ?

無料体験授業 個別指導を体験しよう!

自分にあった塾かどうかは実際に授業を受けてみるのが一番!!

受付中

好きな科目を選んで無料で実際の授業(1時限)を受けることができます。 ※お電話にてお気軽にお申し込みください。

お子様の夢、目標を私たちに応援させてください。

無料 個別カウンセリング 受付中

その悩み、学習課題、私たちが解決します。

個別相談時間 30分～1時間

勉強に関することで、悩んでいることがあればぜひ聞かせてください。経験豊富なスタッフが最新の入試情報と指導経験をフルに活用し、丁寧にお応えします。 ※ご希望の時間帯でご予約できます。お電話にてお気軽にお申し込みください。

早稲田アカデミーの個別指導は首都圏に36校〈マイスタ12教室 個別進学館24校舎〉

パソコン・スマホ・携帯で MYSTA または 個別進学館 検索

Success15 Back Number

2014
6月号

難関国立・私立校の入試問題分析2014
快眠のススメ

SCHOOL EXPRESS
豊島岡女子学園

Focus on
埼玉県立春日部

2014
5月号

先輩に聞く!!
難関校合格への軌跡
高校図書館&オススメ本

SCHOOL EXPRESS
お茶の水女子大学附属

Focus on
神奈川県立厚木

2014
4月号

勉強も部活動も頑張りたいキミに
両立のコツ、教えます
水族館・動物園などのガイドツアー

SCHOOL EXPRESS
慶應義塾

Focus on
東京都立駒場

2014
3月号

どんなことをしているの?
高校生の個人研究・卒業論文
理系知識を活かしたコンテスト

SCHOOL EXPRESS
東京学芸大学附属

Focus on
千葉県立船橋

2014
2月号

勉強から不安解消まで
先輩たちの受験直前体験談
合格祈願グッズ

SCHOOL EXPRESS
開成

Focus on
千葉県立千葉

2014
1月号

冬休みの勉強法
和田式ケアレスミス撃退法
直前期の健康維持法

SCHOOL EXPRESS
早稲田大学本庄高等学院

Focus on
埼玉県立大宮

2013
12月号

東京大学ってこんなところ
東大のいろは
「ゆる体操」でリラックス

SCHOOL EXPRESS
早稲田大学高等学院

Focus on
埼玉県立浦和第一女子

2013
11月号

教えて大学博士!
なりたい職業から学部を考える
学校カフェテリアへようこそ

SCHOOL EXPRESS
慶應義塾志木

Focus on
千葉県立東葛飾

2013
10月号

模試を有効活用して
合格を勝ち取る!
中1・中2 英・国・数

SCHOOL EXPRESS
桐朋

Focus on
神奈川県立川和

2013
9月号

SSHの魅力に迫る!
東京歴史探訪

SCHOOL EXPRESS
法政大学第二

Focus on
東京都立立川

2013
8月号

現役高校生に聞いた!
中3の夏休みの過ごし方
自由研究のススメ

SCHOOL EXPRESS
中央大学附属

Focus on
埼玉県立浦和

2013
7月号

学校を選ぼう
共学校・男子校・女子校のよさを教えます!
使ってナットク文房具

SCHOOL EXPRESS
栄東

Focus on
神奈川県立横浜翠嵐

2013
6月号

今年出た! 高校入試の
記述問題にチャレンジ
図書館で勉強しよう

SCHOOL EXPRESS
青山学院高等部

Focus on
東京都立国立

2013
5月号

難関校に合格した
先輩たちの金言
英語で読書

SCHOOL EXPRESS
山手学院

Focus on
東京都立戸山

2013
4月号

早大生、慶大生に聞いた
早稲田大学・慶應義塾大学
学校クイズ

SCHOOL EXPRESS
東邦大学付属東邦

Focus on
千葉市立千葉

2013
3月号

みんなの視野が広がる!
海外修学旅行特集
部屋を片づけ、頭もスッキリ

SCHOOL EXPRESS
早稲田実業学校

Focus on
東京都立日比谷

2013
2月号

これで安心
受験直前マニュアル
知っておきたい2013こんな年!

SCHOOL EXPRESS
城北埼玉

Focus on
神奈川県立横浜緑ヶ丘

これより前のバックナンバーはホームページでご覧いただけます(http://success.waseda-ac.net/)

サクセス15 バックナンバー 好評発売中!

How to order バックナンバーのお求めは

バックナンバーのご注文は電話・FAX・ホームページにてお受けしております。詳しくは80ページの「information」をご覧ください。

さくいん

＜コーナー名＞

＜本文中記事＞

Success15
7月号

高校受験ガイドブック2014⑦
早稲田アカデミー 提携
Success15
夢が広がる高校選びの情報満載!
サクセス15
イチから考える
志望校の
選び方
日本全国
なんでもベスト3!!
SCHOOL EXPRESS
筑波大学附属高等学校
FOCUS ON
東京都立三田高等学校

©blanche - Fotolia.com

編集後記

今月号の特集では志望校の選び方を取り上げました。私が志望校選びで大切にしていたのは、気になった高校を訪ね、実際に雰囲気を感じること。説明会などに参加できなかったときは、事前に連絡をして、放課後に見学させてもらうこともあったような…。色々な学校に足を運ぶことで、気に入る学校というのはおのずと決まってくると思います。ぜひ時間が許す限り、気になった学校のイベントに参加してみてください。

もう１つの特集では、日本全国の色々なものをランキング形式でご紹介しました。自分の都道府県が何位なのかを調べてみたり、そのほかの気になるランキングをとことん探すのも楽しいかもしれませんね。（T）

Next Issue 8 月号は…

Special 1
夏休みの勉強法

Special 2
夏バテ対策

School Express
市川高等学校

Focus on 公立高校
埼玉県立川越女子高等学校

※特集内容および掲載校は変更されることがあります

サクセス編集室お問い合わせ先

TEL 03-5939-7928
FAX 03-5939-6014

高校受験ガイドブック2014 7 サクセス15

発行　2014年6月14日　初版第一刷発行
発行所　株式会社グローバル教育出版
〒101-0047 東京都千代田区内神田2-4-2
ＴＥＬ　03-3253-5944
ＦＡＸ　03-3253-5945
http://success.waseda-ac.net
e-mail　success15@g-ap.com
郵便振替　00130-3-779535
編集　サクセス編集室
編集協力　株式会社 早稲田アカデミー

Information

『サクセス15』は全国の書店にてお買い求めいただけますが、万が一、書店店頭に見当たらない場合は、書店にてご注文いただくか、弊社販売部、もしくはホームページ（左記）よりご注文ください。送料弊社負担にてお送りします。定期購読をご希望いただく場合も、上記と同様の方法でご連絡ください。

Opinion, Impression & etc

本誌をお読みになられてのご感想・ご意見・ご提言などがありましたら、ぜひ当編集室までお声をお寄せください。また、「こんな記事が読みたい」というご要望や、「こういうときはどうしたらいいの」といったご質問などもお待ちしております。今後の参考にさせていただきますので、よろしくお願いいたします。